pages

8th COLLECTION

pages

8th COLLECTION

그래서 오늘은 무슨 음악

강민경
김경현
다미안
송인섭
이도형
조혜림
차영남

playlist

A playlist is a list of video or audio files that can be played back on a media player either sequentially or in a shuffled order.

'pages'는 여러 사람의 'page'가 모여 완성된 책입니다. 매 권 특별한 소재와 주제(혹은 문장)와 장르 안에서 다양한 글을 엮어 만들어냅니다.

목차

playlist 1 | 김경현
그래서 오늘은 무슨 음악 ⁰¹⁰

playlist 2 | 강민경
그대 날 떠난 후로 ⁰²⁶

playlist 3 | 조혜림
가끔 라디오에서
좋은 노래가 나올 때가 있어 ⁰⁴²

playlist 4 | 차영남
왕가위 영화 속 음악이 나의 삶이라면 ⁰⁵⁶

페이지스의 여덟 번째 이야기 'My Playlist'는 음악에 대한 이야기입니다.

디지털보다 아날로그가 익숙하던 시절.
시간이 묻어 조금씩 늘어져 가는 소리의 쇠함을 즐기며,
수많은 잡음들도 받아들이며 음악을 듣던 시절.
이 시절 위로 쓴 이야기입니다.

그리고 음악을 떼어내기 힘든 영화에 대한 이야기도 있습니다.
단골 비디오 가게에서 빌린 비디오테이프의 색바램을
기꺼이 즐기던 시절.
몇몇 이야기는 그 시절 위로 지나갑니다.

그래서 오늘은 무슨 음악을 들어볼까요?

playlist 5 |이도형
내게 남은 노래를 드릴게요 074

playlist 6 |송인섭
남겨진 이들을 위해 남기는 이야기 090

playlist 7 |다미안
송충이와 몽충이 102

Bonus Track
맺음말 114

playlist
1

그래서 오늘은 무슨 음악

김경현

다시서점 대표이자 문화기획자, 작가.
산문집 『이런 말이 얼마나 위로가 될지는 모르겠지만』을
비롯해 최근 에세이 『서로에게 의미가 있는 것』을
썼습니다.

1.

　무엇을 믿고 따라야 할지 모르던 시절, 우리에게 가수는 숭배의 대상이었다. H.O.T.와 젝스키스가 각축을 벌이던 무렵, 아이들은 내게 와서 어느 쪽을 응원하는지 묻기 시작했다. "넌 누구 좋아해? 무슨 가수 들어?" 그들은 반짝이는 눈으로 내가 '흰색이냐, 노란색이냐'의 선택을 하기 바랐지만 내 대답은 미안하게도 '패닉'이었다. 원하는 답을 얻지 못한 그 녀석들 또한 패닉이었지만 이내 흥미를 잃고 "너는? 너는?" 하며 다른 아이들에게 몰려갔다.

　'저럴 거면 왜 물어본 거야….' 나의 대답보다는 단지 자기 편이 필요했던 건 아이들이 중학교에 들어가서도 마찬가지였다. "넌 지오디 편이야, 신화 편이야?" 하아…. 그 당시는 김훈 작가의 『너는 어느 쪽이냐고 묻는 말들에 대하여』가 나오기 전이어서 이런 말에 대답하는 게 익숙하지가 않았다. 대답을 어떻게 하는지에 따라서 '학교를 피곤하게 다니느냐, 조금 편하게 다니느냐'의 차이가 있었을 뿐. 나는 그들에게 애먼 답을 하곤 했다.

2.

"둘 다 힙합은 아니지 않나?" 중학교에서 방송부 활동을 했는데, 일주일에 한 번은 힙합만 트는 날이 있었다. 다른 방송부원들이 귀찮아할 때마다 방송실에 대신 내려가서 전날 찾아 들었던 랩 음악을 틀며 즐거워했다. 지오디 팬이었던 친구는 뚱한 내 대답에 화가 난 나머지 내 책상을 칼로 긁어 "천상래퍼안데니"라고 적어 놓았지만, 아무럼 뭐 어떤가 싶었다. 나는 그저 노래 듣는 것이 좋았고, 노래를 따라 부르는 것이 좋았다.

집으로 일찍 돌아오면 MTV나 채널 V, KMTV 등을 틀어 놓고 부모님이 오시기를 기다리는 게 일이었다. Britney Spears - <Oops!...I Did It Again>, Madonna - <American Pie>, Eminem의 노래들. 가끔 부모님이 집을 비우는 날이면 밤새 뮤직비디오를 보곤 했다. 눈이 벌게서 뮤직비디오를 보다 마음에 드는 노래가 있으면 적어두었다가 MP3 플레이어에 넣고 다니며 듣거나, 음반점에 가서 하나씩 사 모으곤 했다. 음반점 직원들은 누구도 내게 누구 편이냐고 묻지 않았다.

"이건 들어봤니?" 음반점 직원에게 눈도장을 찍다 보면 좋아하는 음악 성향이나 장르에 따라서 추천받는 음반이 늘어난다. "야, 이건 들어줘야지!"라는 말을 들으면 참지 못하고 용돈을 몽땅 때려 박게 되기 때문에 조심해야 한다. 나중에 음반점에서 직원으로 일하면서 느낀 거지만 그렇게 음악을 알아가는 건 참 즐겁다. 구매한 음반뿐만 아니라 음반에 담긴 음악에도 추억과 애정이 쌓이기 때문에 볼 때마다 흐뭇한 미소를 짓게 된다.

3.
중고등학교 때는 음반 동호회와 힙합 동호회를 다니기 시작했다. 디시인사이드 음반 갤러리와 다음 카페 힙합명반, 프리스타일, 루츠프롬 필라델피아, 리드머, 아이멧뮤직 등 다양한 커뮤니티를 돌아다녔다. 정모도 나가고. 음반 갤러리에 가면 어른들이 들려주는 음악 이야기에 정신을 차리기 힘들었다. 때로는 "왜 이 뮤지션을 몰라?" 하는 핀잔을 듣기도 했지만, "장르 구분하지 말고 좋은 음악을 들어요."라는 말을 해주는 분들도 있었다.

'좋은 게 좋은 거'라는 말이 참사람 맥을 빠지게 할 때도 있지만, 정말 좋은 음악은 분명히 있다. 각자의 취향에 따라 좋은 것이 다를지도 모르겠지만. 어쩌면 삶의 공허함을 채워줄 수 있는 음악이 있어서 다행이라는 생각도 든다. 그런 점에서 음악은 찾아 들어야 하고, 우리는 생각보다 더 많은 구멍을 안고 살아가기 때문에 빈틈을 메우려면 더 많은 음악이 필요하다. 나에게만 좋은 노래도 있지만 누구에게나 좋은 노래도 존재한다.

인터넷이 있다는 건 크나큰 축복. 중독되거나 굴욕을 당하는 경우도 있지만 무한한 정보의 바다에서 헤엄칠 수 있는 건 행운이다. 우리는 몇 가지 키워드만으로 수많은 음악을 찾아 들을 수 있지 않은가. 책도 마찬가지. 이야기에 빠지고 활자에 빠지면 더할 나위 없이 행복하다. 그 기쁨에 닿기까지 시행착오는 있기 마련이다.

P2P가 유행하던 시절, 당나귀나 Soulseek만 잘 사용할 줄 알면 프랑스 힙합부터 몽골 힙합까지 다양한 음악을 만날 수 있었다.

4.

국민의 정부에서 일본 문화를 개방하면서 만화책과 드라마, 음악이 물밀듯이 쏟아졌다. 완전한 개방은 아니었기에 어둠의 경로가 아니면 접하기 어려웠지만, 친구들은 X JAPAN부터 라르크 앙 시엘, 아라시, 자드, 아무로 나미에, 히로스에 료코, 기무라 타쿠야, 『코쿠센』, 『원피스』, 『샤먼킹』, 『러브 제너레이션』, 『롱 베케이션』 등 수많은 일본 문화를 접하기 시작했다. 그중에 내 귓가에 울려 퍼진 음악은 미스터 칠드런의 <くるみ (쿠루미)>였다.

내 나이에 겪어보지 못했지만 눈물이 핑 도는 내용의 뮤직비디오와 시적인 가사. 힘들 때마다 용기가 되는 음악이었다. 그전까지는 일본 문화에 반감이 있었는데, <쿠루미>를 듣고 난 후로는 일본 음악을 비롯해 수많은 나라의 음악을 찾아 들었다. 일본 문화를 개방하면 우리가 그들의 문화에 잠식될 거라는 우려도 있었다. 하지만 K-POP이 유행하는 지금, 문화는 흐르면 흐를수록 더 건강한 문화를 만든다고 본다. 우리가 쉽게 잠식될 수준도 아니거니와.

홍대에서 소울컴퍼니의 첫 공연을 본 날. 본 공연이 끝나고 키비와 더 콰이엇이 프리스타일 랩을 하는 걸 구경하다가 막차가 끊겨서 집으로 걸어왔다. 어느 날은 신촌에서, 또 어느 날은 홍대에서 양화대교를 건너서 방화 나들목까지 곧장 걷고는 했다. 세 시간 정도를 걸어야 집에 도착했지만, 집으로 돌아오는 길은 즐거웠다. 내일은 어떤 음악을 듣지? 누구 공연을 보러 가지? 홍대 어느 클럽에 가면 어떤 장르의 공연만 한다던데…….

영화 『헤드윅』을 처음 보고 충격에 빠진 나는 '헤드윅 코리아'라는 팬 사이트에서 했던 라이브 공연을 보러 갔다. 프리버드에서 했던 공연에서는 맥주와 구미 베어를 나눠줘서 귀여웠다. 지금 와서 생각해보면 나는 어린 나이였는데도 여기저기 잘 찾아다녔던 것 같기도 하다. 홍대 놀이터에 가면 형, 누나들이 자유분방하게 놀고 있었다. 나름 장르별로 구역을 지켜가면서 노는 모습도 재미있었다. 펑크족은 노인정 앞, 힙합은 화단 앞.

 힙합도 듣고, 펑크도 듣고. 판소리도 듣고, 버드리도 듣고. EDM도 들었다가 클래식도 들었다가. 오만가지 음악을 듣다 보면 추억을 듣다가 그날의 기분을 듣다가. 대학에 가서 음향을 전공한 이후로는 녹음 방식이 투 트랙에서 멀티 트랙으로 바뀌면서 달라진 시대별 음반의 믹싱 차이를 느끼는 것도 즐겁다. 믹싱과 마스터링을 왜 이렇게 했을까. 녹음은 왜 이렇게 했지? 이 스피커로 듣는 것보다 저 스피커로 듣는 게 이 음악을 들을 때 더 재미있구나!

 아직도 모르는 음악이 많고 좋은 음악이 많아서 행복하다. 세상은 때로 내게 누구의 편이냐고 묻지만, 음악과 예술은 편을 가르기보다 이래서 좋다는 걸 찾을 수 있어서 말보다 편할 때가 있다. '이 노래를 좋아하는 사람이라면 좋은 사람일 거야' 하는 막연한 기대도 있고. 음악을 찾아 듣는 방식이나 취향이 같을 때만큼 희열이 북받칠 때도 또 없고. 지식을 뽐내는 게 아니라 정보를 나누고 교환할 때 더 만끽할 수 있게 되고.

이렇게 떠들고 보니 무슨 대단한 음악 예찬론자 같기도, 컬렉터 같기도 하지만, 재야에서 음악을 즐기고 계신 고수들에 비하면 나는 아무것도 아니라는 걸 안다. 형들을 따라다니면서 좋은 음악가의 음악을 들었을 때의 즐거움, 디깅을 통해 멋진 음악을 발견했을 때의 즐거움, 내 평생에 볼 수 있을까 싶던 뮤지션의 내한공연, 여행에서 만난 음악과 영화, 드라마를 통해 알게 된 노래가 언제부터인가 내 삶을 채우고 있다는 것을 깨닫게 될 때 작은 행복을 깨닫는다.

그리고 이 모든 기억과 마음을 누군가와 나누고 싶을 때, 음악을 듣는 즐거움은 배가 된다. 즐겁게 해주는 것도 음악, 슬픔을 달래주는 것도 음악. 오늘은 이런 음악을 들어야지. 내일은 또…… 이런 상상으로 하루를 보낸다. 내가 사랑하는 음악을 당신도 들어주었으면 좋겠고. "하이햇 쪼개는 것부터 리버브 이렇게 넣은 것 좀 보라구."라며 경탄에 감탄을 그치지 못할 때 "얼씨구!" 하며 장단을 맞추어 주는 사람이 곁에 있다는 건 얼마나 감사할 일인가.

함께 나누어 들었으면 하는 음악을 종종 SNS에 올

린다. 한 시절 유행하는 음악보다는 세대가 바뀌어도 가슴을 울리는 음악들. 2021년에 가장 많이 들었던 앨범은 정밀아의 『청파소나타』였다. 대중음악상을 받기 전부터 주야장천 너무 좋다고 홍보를 하고 돌아다녔는데 혹시라도 이 글을 정밀아 님이 읽어 주신다면 다음 앨범도 기대하고 있다는 부담을 드리고 싶다. 이런 욕심은 좀 부려도 되지 않을까. 그리고 내가 이런 헛소리를 하지 않아도 분명 좋은 음악을 하시겠지.

정밀아 앨범은 아마 내년에도 즐겨 듣는 음반일 것이다. 내후년에도. Asheru and Blue Black of The Unspoken Heard의 『Soon Come』처럼. 마이클 잭슨이나 케이타쿠의 『ケイタクいっちょ(케이타쿠잇쵸)』처럼. 달빛요정역전만루홈런의 음악처럼. 언젠가부터 아이돌에 빠진 친구와 함께 술 한잔을 기울일 때면 듣는 마츠다 세이코나 나카모리 아키나처럼. 나카야마 미호나 코이즈미 쿄코처럼. 아직도 들어야 할 음악은 많고 많은데 덜컥 인생이 짧게 느껴진다.

먼저 세상을 떠난 친구들은 지금 무슨 음악을 듣고 있으려나. 즐겨 듣던 저스티스의 앨범을 들으려나. 렛츠

락 페스티벌에서 함께 보았던 검정치마의 노래를 부르고 있으려나. 어쩌면 그 어떤 음악도 들리지 않는 곳에서 남은 친구들의 목소리를 듣고 싶어 하지는 않을까. 젊은 나이에 떠난 친구들을 떠올리면 괜스레 슬퍼진다. 올해는 좋은 음악을 하던 맑은 친구가 세상을 떠났다. 수아의 표정을 떠올리면서 그녀의 앨범도 찾아 듣는다.

한없이 우울해지면 찾아 듣는 음악이 있다. 아직도 세상은 편을 가르고, 악한 행동을 하거나 위선을 떨어도 부드럽게 넘어간다. 울적한 마음을 달랠 길이 없어서 실낱 같은 희망을 적어둔 노래를 듣는다. 예전에는 김광석, 김현식, 유재하를 평생의 벗으로 여겼는데 요즘은 윤선애, 문관철, 윤설하를 즐겨 듣는다. 최근에는 사이 요시코라는 70년대 일본 싱어송라이터에 빠져있다. 모리타 도지의 음악처럼 묘한 매력이 있어서 헤어나지 못하는 중이다.

평소에도 음악을 즐겨 듣지만, 매장에 있다 보면 음악을 듣지 않을 수 없다. 계절마다 트는 음악이 다르고, 그날의 날씨에 따라서도 트는 음악이 달라진다. 기분에 따라 우중충한 음악을 틀어 놓는 날도 있지만, 대부분은 재즈나 클래식이다. 손님들의 대화에 따라 음악을 바꾸기도 하고, 중국 손님이 오시면 Cui Jian의 음악을 틀기도 하고, 일본 손님이 오시면 사잔 올스타즈나 야마시타 타츠로를 틀기도 한다. 음악 안에서는 모두 위아더월드다.

어떤 친구는 지식을 뽐내기 위해서 음악을 듣기도 하고, 남보다 위에 서기 위해 음악을 듣기도 한다. 그게 음악을 더 찾아 듣는 동력이 되기도 하지만……. 예전에 음원사이트에서 잠깐 일한 적이 있었는데 그때 나는 무척이나 괴로웠다. 일은 어렵지 않았는데 건전 가요도, Opus(작품 번호)도 모르는 사람과 일하는 건 너무 괴로웠다. 하지만 나중에 생각해보니 세상에는 그런 사람도 있는 거였는데 내가 너무 자만하고 오만했다는 생각이 들었다.

대학에서 흑인음악 동아리를 할 때도 비슷한 일이 있었다. 아무도 모타운을 몰라서 실망했었는데 그럴 일이 아니라 서로 정보를 나누면 될 일이었다. 때로는 그렇게 어쭙잖은 지식으로 오만방자해지는 경우가 생긴다. 음악도 책도 우주의 별만큼이나 많은데 그걸 다 아는 양 젠체하는 것은 참으로 우스운 일이다. 상대방이 모르면 가르쳐주면 될 일인데 말이다. 다른 사람이 쓴 책이나 블로그 글을 달달 외워서 떠들어대면 안 좋던 음악이 좋아지나.

 무엇을 믿고 따라야 할지 모르는 이들이 새로운 우상을 만들고 숭배한다. 자기 자신을 믿지 못하니 믿을 만한 것을 찾거나 만들어 기대고 싶은 탓이다. 요절한 뮤지션을 신처럼 떠받들어 모시거나 살아 있는 뮤지션과의 친분을 내세우거나 남들이 잘 모르는 음악을 거론하며 스스로를 미지의 존재 언저리의 무언가로 표현하고 싶은 이들은 되려 나약하지만, 우상을 끌어들여 자신 또한 그런 존재라는 것을 우회적으로 이야기하려 애쓴다.

 인간은 그런 존재. 음악 하나에 휘둘리고, 음 하나에 무너지는 초라한 존재. 하지만 그로 인해 힘을 내고 강인해지는 존재. 노래로 괴로움을 이겨내고 즐거움은 배로 즐기는 존재. 우리라는 존재가 없으면, 우리가 우리라는 존재를 믿고 인식하지 않으면 음악은 들을 수 없다. 빛이 투명 인간을 통과해버리듯 소리도 우리를 그렇게 취급할 것이다. 귀를 열고 입을 벌려 따라 부르는 순간 음악은 더 아름다운 음악이 된다. 자신의 편이 필요하다면, 그렇게.

귀를 열어 듣고, 입을 벌려 따라 해야 한다. 누구의 편에 서는 것이 아니라 주체적인 인간이 되려면. 역사의 흐름과 그 당시의 시대상을 인식하면서 차별 없이 누구에게나 좋은 최선을 찾으려면. 텅 빈 가슴은 무엇으로 채울 수 있으려나. 다양함은 건강함이고 나눔은 행복이라는 걸, 그리고 이 세상은 먼저 떠난 이들이 남긴 선물이라는 걸 깨닫게 되려면. 오만하지 않고 자만하지 않으며, 증오하지 않고 남을 미워하지 않으려면. 오늘은 무슨 음악을 들어야 할까.

그대는 오늘 어떤 노래를 듣고 있으려나.

경현의 Playlist

정밀아 - 서울역에서 출발

Michael Jackson - Smile

Bill Withers - Lean on Me

John Lennon - Nobody Loves You (When You're Down and Out)

Frank Sinatra - That's Life

Mr.Children - くるみ

佐井好子(사이 요시코) - 夜の精

amazarashi - 僕が死のうと思ったのは

森田童子(모리타 도지) - ぼくたちの失敗

松田聖子(마츠다 세이코) - 夏の扉

P.S. 2023년 후쿠오카 여행 중 우연히 들어간 심야 식당 하카타 하루야에서 본문에 언급했던 일본 포크 밴드 '케이타쿠' 멤버와 통화했다. 가게 주인과 짧은 대화를 나누던 중 주인이 케이타쿠가 고향 후배라며 연결해 준 덕분이었다. 케이타쿠의 노래 <陽はまた昇る>는 여전히 나의 절절한 출근 음악이다. "해는 다시 떠오른다."

playlist
2

그대 날 떠난 후로

강민경

감정을 그대로 꺼내 바라보는 사람,
그런 글을 쓰는 사람이고 싶습니다.

*
god 1집, 난 너에게

"너무나 많은 사람들과 만나고 / 또 그 많은 사람들과 헤어지고 / 하지만 기억되는 사람 몇 명 없고 / 대부분의 사람들은 다 잊혀지고"

냉면을 먹고 집으로 돌아가는 버스 안, 당신과 나는 연인이 되는 길 초입에 서서 망설이고 있었습니다. 그때 저로서는 무언가가 속에 얹힌 기분이었습니다. 빨리 집으로 돌아가야 한다는 마음에 냉면을 급히 삼켰던 탓을 해볼까요? 불편한 속을 감출 생각도 않은 채 가만히 버스 안에서 정류장 벨을 누르는 순간을 기다리고 있었습니다. 꽤 오랜 시간이 걸렸을 겁니다. 소개팅을 하고서 두세 번 만나면 연인으로 나아간다는 암묵이 저로서는 부담스러워 '결정의 말'을 애써 피하고 있었습니다.

시간이 지나면 마음이 나아질 줄 알고 그랬습니다. 어떻게 처음 만나 몇 번 보지도 않은 상태에서 친해지고 섞일까요? 투덜거리면서도 계속 보다 정이 들면 나아질 거라 생각하며 시간을 보냈습니다. 사랑을 모르는 사람이라고 욕해도 좋습니다. 사실이니까. 버스에서 내려야 할 때 머뭇거리던 그 순간을 외면했습니다. 제 굳은 표정에 덩달아 얼굴이 굳어지던 당신의 얼굴을 잊지 못해서 미안합니다. 긴박한 순간은 늘어진 시간보다 더 깊이 뇌리에 박히는 법이지요. 잔인하다 여길지도 모르겠지만.

소개팅은 첫인상에서부터 결정이 난다고 생각합니다. 친구들이 세 번 이상은 만나보라고 난리를 치는 바람에 '꼭 세 번은 만나보겠다' 마음을 먹고 나간 소개팅에서 당신을 만났습니다. 굳이 변명을 하자면 당신도 딱히 나에게 반한 건 아닌 듯했습니다. 메시지 속 문장에서 떨림보다는 센스가 조금 섞인 익숙함이 느껴졌거든요. 그저 같이 밥을 먹고 길을 걸으면 재미있는 정도였던 것 같다며, 그 센스 섞인 익숙함에 속지 않으려 저 또한 마음을 섣불리 주지 않으려 했었던 것도 같습니다. 비싼 밥을 사주길래 고마웠고, 술 한잔 마시면서 마음이 풀어지면 대화가 잘 통해 재미있었습니다. 친구들 말대로 몇 번 더 만나면 정이 들 것도 같았습니다. 평소 같았으면 한 번 만나고 끝이었을 만남을 꽤 오래 끌었네요. 첫눈에 끌리지는 않았던 마음이 익숙해지면 인연이 될 수 있으리라 안도했던 시간이었습니다. 그 안도가 어쩌면 설렘이었을 수도 있었을 텐데요. 지금은 편안함도 사랑의 일부라 생각하지만, 그땐 사랑이 뜨겁기만을 바라던 어린 나이였다고 핑계를 대겠습니다. 당신에게도 내가 그저 스쳐 지나가는 바람이었기를 바랍니다.

*

god 2집, Dance All Night

"야야야야 everybody say 야야야야 음악에 몸을 맡긴 채 출렁이는 음악처럼 출렁여봐 흔들리는 불빛처럼
흔들려봐
조금씩 조금씩 젖어드는 이 밤에 아름다운 낭만을 느껴봐 자 can you feel it? Yeah can you feel it? Yeah
야야야야 everybody say 야야야야"

낭만에 속았습니다. 술을 먹으면 누구나 어느 한 구

석이 풀어지기 마련이니까요. 몸이 풀리기도 하고 마음이 풀리기도 하고. 기분 좋게 취할 때면 마음에 세워두었던 벽이 허물어지고, 약간의 설렘을 대단한 사랑이라 착각해 버릴 때도 있죠. 소주는 달고, 섞인 맥주는 유혹 같습니다. 와인이나 칵테일은 정성이 담긴 사랑 같지요. 배경 음악까지 출렁이면 일상 속 매너리즘으로 굳어버렸던 심장이 두근댑니다. 벽 쌓아 허전해졌던 마음… 그 벽이 허물어지는 순간 술과 사랑과 음악이 물밀듯이 밀려듭니다. 별을 헤아리는 낭만도 살금살금 들어와 자리 잡습니다. 술과 음악과 낭만이 당신의 어깨에 머리를 기대었습니다. 당신의 배려가 편안해서 순간 설렜고, 순간의 설렘에 기대고 싶은 마음이 증폭된 탓이었습니다. 그 마음이 하루짜리인 줄 알고도 모른 척했습니다. 내가 당신 어깨에 머리를 기댈 때 쳐내지 않으리라는 걸 알고 있었습니다. 평소라면 그러지 않았을 나의 성격 탓에, 그 행동을 더 큰 설렘으로 받았다는 걸 뒤늦게야 알았습니다. 아니, 알았는데 말을 듣기 전까지는 모른 척했지요. 그간 철벽으로 쌓인 마음이 허물어져 그때만큼은 자유로워진 기분이었고, 그 기분을 망치고 싶지 않았습니다. 그날 밤엔 모두가 야야야야 외치며 눈을 감고 귀를 열고 출렁이는 음악에 몸을 맡기고 느껴야만 했다고 변명하겠습니다. 자유로움을 느낄 수 있는 밤이었으니까요. 미안하다가도, 어쩌면 당신도 그 정도의 마음이었을지도 모른다 생각해봅니다. 그날 밤, 별이 너무 아름다웠으니 그것만으로 괜찮다 합시다.

*

god 1집, 왜 또 다시 난

"몇 번의 사랑을 겪고서 나에게 남는 건 언제나 같았어 추억들과 그만큼의 눈물과

그 눈물을 닦으면서 다시는 사랑하지 않겠다 했어 두 번 다신 그 어떤 사랑도

상처 난 가슴을 다칠까 봐 겨우 아문 가슴을 또 다칠까 봐 꼭꼭 마음을 닫고 지내려고 해도 왜 자꾸 또 사랑에 빠지는 걸까"

사랑은 불가항력을 갖고 있습니다. 이상하게도 사랑이라는 감정은 다른 감정처럼 다스려지지 않고 제멋대로 왔다가 갔다가 상처 내었다가 또 치유해 줍니다. 사랑에 상처 받으면서도 또 사람에 빠져 허우적대는 꼴을 보면 우습기도 합니다. 일명 '금사빠(금방 사랑에 빠지고, 금방 사랑에서 빠져나오는 사람)'라 참 여러 사람을 사랑했습니다. 사랑을 겪고서 남는 건 추억이었습니다. 눈물도 조금. 시간이 조금 더 지나면 그 눈물도 즐거운 기억이 되긴 했지만요. 사랑처럼 힘든 일도 없겠다 싶을 정도로 연이은 사랑에 마음이 지쳤어도, 이상하게 새로운 사람이 눈에 들어오면 그 시름이 잊히곤 했습니다. 하지만 생채기 같은 상처도 같은 부위에 덧나면 흉터가 깊게 남는 법이지요. 게다가 제 사랑은 남들이 보기에는 꽤 이기적인 것이었습니다. 남보다는 내가 더 중요했습니다. 금사빠의 특징이기도 하지요. 상처 받을까 봐 금방 사랑에서 빠져나오고 말거든요. 사랑에 지쳐간 가운데, 좋은 기회가 왔습니다. 호르몬 이상으로 몸에 이상이 오면서 이상하리만큼 사랑이 눈에 들어오지 않았습니다. 사랑으로 보일 만한 멋진 사람이 이상하게 돌하르방처럼 보였습니다. 마음 흔들거리는 일에도 설레지 않았습니다. 오랜 시간 마음이 편했습니다. 사랑에 빠져 설레는 마음만큼이나 사랑에 흔들리지 않고 평온한 마음도 좋더라고요. 행복했습니다. 그게 편해지고 익숙해져서 어쩌다 눈에 들어오는 사람에 대한 마음도 금방 눈 감아버리고 맙니다. 깊어지지 않는달까요? 사랑의 고단함을 극복하는 게 사랑이라고 믿었는데, 이상하게 요즘은 그 역할을 다른 것들로 채울 수 있겠다는 생각도 해요. 사랑이 전부였던, 사랑이 일상이었던 사람도 이렇게나 변합니다. 사랑에 빠져 기쁘다가도, 사랑에 빠지지 않아 편했던 시간이 그리워져요. 그럼에도 사랑에 간혹 빠지는 걸 보면, 사랑에 허우적대던 때보다도 사랑은 불가항력적인 감정이라는 소리가 더 와닿습니다.

*

god 2집, 모두 가져가

"견딜 수가 없어 도저히 참을 수가 없어 내게 이런 상황이 온 걸 나는 믿을 수가 없어 왜 도대체 왜 그럴 수밖에 없었는지 내게 말을 해

너는 그런 여자라고 그런 여자였다고 바보같이 내가 너에게 마음을 준 거라고 너에게 있어 사랑이란 아무런 의미 없다고 한 남자만 바라보면서 살아갈 순 없다고"

장난치던 사이에 조금씩 설렘의 싹이 생겨 멈칫하는 순간들이 생기고, 그래서 마음이 커졌습니다. '언젠가' 하는 마음으로 기다리다 조급해져 마음을 꾹꾹 눌러 담아 편지를 썼습니다. 자기도 친구에게 고백을 한다며

내게 같이 하자고 부추긴 친구의 탓도 있었지만, 어쨌든 마음을 털어놓아야 그 아슬아슬한 선을 넘어 속이 편할 것만 같았습니다. 고백 담긴 편지를 건네고야 말았습니다. 하지만 그 모든 것이 트라우마가 될 줄이야. 그에겐 사귄 지 얼마 안 된 연인이 있었습니다. 그걸 알고 있는 친구가 같이 고백하자고 장난을 친 것이었습니다. 자세한 내막을 알고 싶지도 않아서 외면하고 마음을 닫았습니다. 상처를 받고 누구도 믿지 않게 되어 살던 곳에서 떠나왔습니다. 나의 미처 헤아리지 못한 실수와 배신, 원망, 부끄러움을 모두 버리고 새로 시작하고 싶었습니다. 하지만 그 이후로 고백 트라우마가 생겼습니다. 설렘을 설렘대로 즐기지 못하고 두려워했습니다. 사랑을 믿지 못하게 됐습니다. 바보같이 마음을 준 거라고, 나에게 있어 사랑이란 아무런 의미 없다고 속으로 외치며 지냈습니다. 속은 곧 겉으로 드러나기 마련입니다. 상처받지 않기 위해 상대를 상처 냈습니다. 변할 수 없었던 내 모습, 가질 수 없던 마음 모두 내 스스로 지켜야 된다고 생각했습니다. 사랑을 표현하는 건 어색하고, 사랑을 "사랑 따위"라고 표현해버리고 맙니다. 표현할 줄 모르는 사랑은 사라지기 마련이고요. 과거의 상처는 과거에 갇히도록 두었어야 했는데, 과거에 얽매여 과거를 복수

하겠다는 마음으로 곁에 다가오는 사람을 모두 '고작 사랑'이라고 착각했습니다. 사랑이 착각이었던들 제 아픈 과거가 없던 일이 될 수 없고, 당신이 기억하는 나의 모습도 없던 일이 될 수는 없으니, 미안합니다.

*

god 2집, 애수

"좋아 내가 널 이렇게 목놓아 부르지 않게 한 번만이라도 잠깐만이라도 내 앞에 나타나 줘

꿈속에서라도 나를 봐 조금씩 무너지는 내 모습을 봐 널 찾아 헤매이는 난 지금 힘들어 니가 보고 싶어 니가 날 떠난 그 직후부터

난 아직도 그대를 잊지 못해 오늘도 그댈 찾아 이 거리를 헤매"

헤어짐이 얼마 남지 않았다는 게 느껴져서, '안녕'이라는 말에 슬픔의 무게가 더해질 때라는 게 느껴져서 서로를 제대로 볼 수 없었다. 아니 정확히 말하자면 날 보는 너의 눈을 피해버렸다.

날 떠난다는 것 자체를 인정할 수 없어서, 이해할 수 없어서 아예 너의 존재를 지워버리고 잊어가고 있었다. '너'를 잃는 것보다 이별 자체가 아파서 너를 제대로 보지 못하고 마지막을 흐지부지하게 버려두었다.

그렇게 너와 나는 흩어졌고, 시간이 한참 흘렀다. 시간이 흐른 후, 가슴에 묻어뒀다 생각했던 '너'의 흔적을 찾으려고 해도 찾을 수가 없자 후회가 밀려왔다. 사랑이 가장 뜨거울 때만을 기억하려던 이기적인 마음이 '사랑'의 진정한 의미를 알 수 없게 했다. 그 이후로 무언가 사랑한다는 것이 무의미해졌고 무서웠으니까.

이기적인 마음으로 사랑 자체를 부정해버리고 남은 것은 상처의 흔적이었다.

사랑이 끝난다는 것은 고통스럽다. 하지만 사랑에 대한 예의는 가장 고통스러울 마지막까지 지켜져야 한다. 그래야 후에 고통의 흔적이 상처로 남지 않는다.

*

god 2집, 기차

"나는 지금 기차 안이야 그냥 무작정 올라탄 거야 어디로 가는지 어디까지 가는지 알 수 없지만 그냥 떠나는 거야

최대한 멀리 너에게서 최대한 멀리 멀리 떠날 거야 행여 돌아가고 싶어도 돌아갈 수 없도록

너는 이해할 수 없겠지 갑자기 편지 하나 남기고 떠나가 버린 내가 아마 미울 수도 있겠지 하지만 언젠가 이해할 거야 떠나는 내 마음을 모든 게 다 널 위해서라는 것을"

매번 만나도 매번 낯선 상대가 있습니다. '사람만 괜찮으면 된다'는 말은 조금 처지는 쪽에서 하는 변명, 조금 더 괜찮은 쪽에서 하는 위로입니다. 저는 사람만 괜찮은 쪽의 사람이었고 당신은 보다 괜찮은, 그래서 늘 낯선 상대였습니다. 치우쳐지지 않으려고 괜히 표정을 굳히고, 숨기도 참 잘 숨었습니다. 매일같이 나보다 괜찮은 사람 만나겠다며 기를 쓰던 사람이었지만, 꿈이 이루어지는 순간 그 본질은 참 빨리도 드러납니다. 죽이

지 못하는 성질과 치기 어린, 망할 자존심 때문이었을지도 모르겠지만 그땐 그게 제 최선이었습니다. 당신의 잘난 사진에 기죽었고, 좋은 차 옆자리에 앉으면 괜히 창문 밖 풍경만 바라보았습니다. 그 모습에 당신은 쥐뿔도 없는 나를 눈치챘을지 모르겠네요. 내가 떠난 일이 당신 탓 혹은 책임이라고는 생각하지 말아주었으면 합니다. 아직도 사랑보다는 망할 내 자신이 더 좋은 나는 그 알량한 자존심 때문에라도 이별을 내 탓으로 돌려야 마음이 편합니다. 말없이 당신을 바라봤던 일도, 혼자 흘렸던 눈물을 공연히 들켰던 일도, 나란히 보는 풍경 앞에서 긴 한숨을 내뱉었던 것도 그저 모두 나를 위한 것이었음을 알아주었으면 좋겠습니다. 언젠간 후회하겠지요. 사실 지금도 가끔 후회합니다. 애초에 시작하지 말 것을. 함께 빛나는 미래보다는 초라하게 느껴지는 내 현실에 더 무게가 실렸습니다. 어울리지 않는 건 영영 변하지 않는다는 걸 저는 아직도 억지로나마 믿어냅니다. 알량한 자존심으로 이별을 끌어낸 나를 차라리 욕해주었으면 좋겠습니다. 더 욕심을 낸다면, 당신이 영영 저를 잊지 않아주는 것도 제 알량한 자존심에 힘을 조금 더해 줄지도요. 바보 같지만 어쩔 수 없는 노릇입니다.

#

저에게 90년대의 음악을 떠올리라고 하면 god라고 하겠습니다. 2000년대의 가수라고 알려져 있지만, god의 1, 2집은 90년대의 무드를 담아내고 있어요. 당시 어린 나이였던 제게는 사랑이라는 감정이 막연한 것이었는데, 사랑은 가벼운 것이 아니라는 걸 god의 1, 2집을 통해 어림짐작했지요. 다 커서 사랑에 슬프고 힘들고 기뻐했던 순간에 떠올랐던 god 곡들 대부분은 1, 2집에 수록되어 있습니다. 그렇기에 사랑을 깊이 경험한 분들이라면 god 1, 2집을 들어보셨으면 좋겠습니다.

위의 글은 1, 2집 수록곡 중에서 좋아하는 가사에서 영감을 받아 썼습니다. 제 이야기도 섞여 있지만, 여러분의 이야기일지도 모르지요. 글의 영감이 된 노래를 들으며 읽어보시고 여러분의 사랑을 나름대로 추억해 보셨으면 좋겠습니다.

민경의 Playlist

god 1집, 난 너에게

god 2집, Dance All Night

god 1집, 왜 또 다시 난

god 2집, 모두 가져가

god 2집, 애수

god 2집, 기차

playlist
3

가끔 라디오에서
좋은 노래가 나올 때가 있어

조혜림

음악 콘텐츠 기획자이자 한국대중음악상 선정위원입니다.
멜론 트랙제로 전문위원이며 FLO, 지니, CJ ENM에서 음악
콘텐츠를 기획했습니다. 음악과 책, 트렌드 등에 관한 글을
기고하고 가끔 강연을 합니다.
좋은 음악과 뮤지션을 알리기 위해 노력합니다.

이른 아침 미팅에 참석하려 급하게 택시를 탄다. 가끔씩 기사님이 틀어둔 라디오 방송이 바쁜 와중에도 귓가를 간질인다. 때로는 『굿모닝 FM』, 가끔은 『오늘 아침 ○○○입니다』 DJ의 소개와 함께 상쾌하고 듣기 좋은 음악이 흘러나온다. 지하철을 타는 날도 크게 다르지 않다. 고개를 돌려보면 뉴스 기사를 보는 사람들 사이로 라디오 채널, 팟캐스트 목록을 뒤적이는 사람들의 모습이 보인다. 이들의 하루는 누구의 목소리와 음악으로 이어지는 것일까.

나는 교내 방송부 아나운서였다. 고등학교에 입학한 이후 매주 수요일마다 『색깔 속의 시네마』란 점심 방송을 진행했다. 영화와 오리지널 사운드트랙(OST)을 소개하는 이 방송에서 수없이 반복해서 들은 노래가 있다. 내가 진행한 방송의 오프닝과 엔딩 시그널, 바로 영화 『유 콜 잇 러브(L'Etudiante, 1988)』의 사운드트랙이다. 3년 내내 들은 탓인지, 영화 속 음악인 <Thème d'Édouard>와 Karoline Krüger의 <You Call It Love>는 고등학교 시절을 떠올릴 때면 지금도 귓속에서 자동 재생되는 멜로디다.

영화에서 주인공 에드워드와 발렌틴은 자주 만나지 못하는 연인이다. 밤마다 길고 긴 전화 통화를 하며 사랑을 확인하지만 서로의 따뜻한 숨결과 체온을 느끼지는 못한다. 사랑을 지킬 수 있을까, 애정으로 한껏 들뜬 두 사람을 보다 내심 불안한 마음이 들 때쯤 에드워드는 경음악 한 곡을 작곡한다. 그 음악이 앞서 소개한 <Thème d'Édouard>이다. 에드워드가 수화기 너머 연인 발렌틴에게 노래를 들려주는 장면에서 나는 음악이 마음을 전하는 도구라는 걸 새삼 느꼈다. 물리적으로 떨어진 이에게 전하는 소리란 점에서 에드워드의 음악은 라디오라는 매체의 본질과도 다르지 않아 보였다.

내가 라디오를 듣게 된 것은 1997년, IMF가 집안을 휘저어 놓은 이후였다. 직장을 잃은 아빠가 집에서 멍하니 TV를 보는 시간이 많아졌고, 엄마는 식당 설거지를 마치고 늦은 밤에나 집으로 돌아왔다. 어릴 적 반장, 부

반장을 도맡으며 똑부러지는 초등학생이었던 나는 오래지 않아 말 없고 어두운 아이로 자랐다. 초등학교 6학년이 될 무렵, 집안을 일으키고자 부모님이 연 작은 가게의 포스기 앞에서 방과 후 시간을 보냈던 기억이 난다. 시장에선 예의 바르고 손님들에게 살갑다는 평가를 받았지만, 학교에서는 점점 존재감이 지워졌다. 왜인지 탓하는 마음에 거실에서 가족들 얼굴을 마주하기 싫었다. 그렇다고 방 안의 정적을 견딜 수도 없어 매일같이 틀어놓은 것이 라디오였다.

라디오 속 사연의 주인공 중엔 나와 같은 10대 학생들도 있었지만, 연애로 인한 고민을 호소하는 20대들이 주를 이뤘다. 그때 내 춥고 작은 방은 달콤하거나 애절한 연인들의 사연과 사랑을 이야기하는 노래들로 가득 찼다. 아직 첫사랑을 경험한 적도 없었지만 변함없는 사랑 혹은 설렘을 표현한 가사와 아름다운 음률은 연애소설을 읽는 것처럼 온몸을 부드럽게 간질였다. 친구들과 찍은 사진도 몇 장 없을 만큼 타인에게 무심하고 관계란 것에 노력 않던 나였지만 라디오를 들을 때만큼은 타인의 이야기에 귀를 기울였다.

고등학교에 진학하고 얼마 지나지 않은 어느 날, 학교 게시판에 붙어 있는 교내 방송부 모집 공고를 봤다. 그 이전 내 삶은 초등학교 시절 어두워진 마음에서 멀리 나아가지 못했다. 중학교를 졸업하고 고등학교로 거처를 옮겼지만 같은 재단 소속이라 동일한 교문을 지나 바로 옆 건물로 이동했을 뿐이었다. 선생님마저 일부 중학교에서 고등학교로 발령이 나 같은 얼굴을 마주해야 하는 환기 없는 공간. 그나마 다른 교복을 입고, 다른 운동장을 쓰고, 조금 더 늦은 시간까지 공부를 해야 하는 게 차라리 위안이었달까. 하지만 방송부 모집 공고를 본 순간 지난 4년간 라디오가 만들어준 나의 취향을 타인에게도 들려주고 싶다는 알 수 없는 바람이 생겼다. 아무 준비도 하지 않고 오디션 순간 초능력 같은 찰나의 당당함만 있었던 내가 어떻게 방송부에 붙었는지는 지금도 미스터리다. 면접에서 한 말은 "라디오를 많이 듣습니다"라는 뻔한 소리뿐. 중학교 때 잠시 좋아했던 H.O.T. 이야기를 했더니 "나는 팬클럽이야!"라고 말하며 반갑게 웃어주던 월요일 가곡 방송 담당 선배가 뽑아준 것일까.

방송부가 된 이후 학교생활은 무척이나 바빴다. 학

교 등교와 동시에 방송실의 장비를 체크하고 그날 진행할 방송노트를 제출했다. 점심시간이면 나의 방송을 진행하거나 다른 부원의 방송 오퍼레이팅을 도왔다. "2학년 5반 학생들이 김민지 양의 생일을 축하하며 신청한 곡입니다." 식사 후 청소 시간에는 청소를 하지 않고 활기찬 청소 시간을 만들어줄 음악을 선곡했다. 일주일에 두 번 정도는 학생들의 생일을 소개하고 신청곡을 틀었는데, 축하 인사와 기쁜 마음을 전하는 일은 꽤나 즐거운 일이었다.

그렇게 매주 수요일, 『색깔 속의 시네마』에서 참 많은 영화 음악을 선곡하고 플레이했다. 초등학교 고학년과 중학교 시절 취미였지만 어쩐지 뻔한 것 같아 '취미' 란에 좀체 적지 못했던 '영화 감상'이 이때는 크게 도움이 됐다. 비디오 가게에서 주로 대여한 영화는 로맨스 장르였고, 그 기억을 따랐는지 나는 방송을 진행할 때 주로 90년대 영화 속 음악을 자주 선곡했다. 『중경삼림(Chungking Express, 1994)』의 <California Dreamin'>, 『러브레터(Love Letter, 1995)』의 <A Winter Story>, 『노팅힐(Notting Hill, 1999)』의 <She>처럼 90년대를 휩쓴 인기 영화에 삽입된 곡들이었다. 가끔 선생님들이 소장한 70~80년대 영화 LP를 부탁받아 틀기도 했다. 『사랑의 스잔나(Chelsia My Love, 1976)』 속 <One Summer Night>나 『바그다드 카페(Bagdad Cafe, 1987)』의 <Calling You>는 그때 처음 접한 곡들이다.

지금 생각해 보면 그때 참 많은 위로를 받았던 것 같다. 다음 날 학우들에게 음악을 틀어주려면 밤마다 새로운 곡을 찾아내야 했다. 노래를 알지 못하면 하루 큐시트는 물론, 주마다 돌아오는 코너를 예전에 틀었던 음악으로 막을 수밖에 없었다. 라디오는 그때도 원고 작성과 선곡에 큰 도움이 됐다. 연애가 고민인 친구를 생각할 때는 라디오에 나오는 미니시리즈 같은 사연이 마음에 들어왔다. 대체로 성적 때문에, 가끔은 가난에 지친 탓에 가족과 불화한다는 학생의 사연이 나올 때면 마치 내 일인 양 귀를 기울여 듣기도 했다. 친구와의 미묘한 감정 싸움을 겪는다고 토로하는 이야기가 나올 땐 뭔가 새로운 해법이라도 있나 싶어 가슴을 두근거리며 집중했다. 그때는 몰랐지만 그들 한 명 한 명의 이야기는 시간의 흐름을 따라 내 마음속에 차곡차곡 쌓였다. 짓궂은 DJ가 사연 속 청취자를 놀릴 때, 혹은 위로를 건넨다며 진심이 담긴 말을 꺼낼 때 함께 재생한 음악도 명확한 기억은 아니지만 무의식 속에 반주처럼 깔렸던 것 같다.

방송부 생활은 그렇게 조금씩 나를 바꾸어 갔다. 어느 날엔 학교 행사에서 사회를 봤고, 어느덧 학교 앞 음반 가게 주인아주머니와는 절친한 사이가 됐다. 밝은 붙임성이 몽글몽글해진 마음 사이로 자라났달까. 기적처럼 외향적인 성격으로 바뀐 건 아니었지만, 반에서 조금의 존재감을 보일 만큼은 목소리를 낼 수 있었다. 지금까지 친하게 지내는 친구들도 방송부 생활을 한 고등학교 때 만났다. 사람과 사람의 관계를 소중히 여기는 법을 배운 시간이었다. 함부로 구겨 버린 메모장저럼 긴 시간 새카맣게, 쪼글쪼글하고 작게 뭉쳐져 있던 마음도 더불어 조금씩 펼쳐졌던 것 같다.

발렌틴과 에드워드가 키스하는 장면으로 끝이 나는 영화 『유 콜 잇 러브』는 보는 내내 미묘한 긴장감과 불안이 느껴졌다. 영화 초반 발렌틴은 대학교수 자격 시험을 준비 중인 바쁜 학생으로, 순회공연 중인 뮤지션 에드워드와 스키장 리프트에서 우연히 만난다. 그녀에게 첫눈에 반한 에드워드가 저녁 데이트를 신청하는 것으로 시작한 둘의 관계는 "지금 당장 영화 같은 키스를 하고 싶어요."라는 발렌틴의 대사처럼 급진전하지만 이내 허물어진다. 불의를 참지 못하고 끊임없이 사랑을 표현하길 원하는 발렌틴과 갈등을 피하고 한 가지에 깊이 몰두하지 못하는 에드워드는 애당초 불과 얼음처럼 다른 사람이었단 생각도 든다. 하지만 한때 그들을 이어 붙인 것 또한 서로 간의 차이였기에, 이별의 결정적인 원인은 순회공연을 다니는 에드워드와의 장거리 연애와 전 애인들이 만들어낸 오해가 아니었을까 싶다.

영화의 마지막 시퀀스는 이별한 발렌틴이 교수임용 구술시험을 치르는 장면으로 채워진다. 시험 주제는 몰리에르의 희곡 <인간 혐오자, Le Misanthrope>에 나타난 사랑을 해석하라는 것이다. 희곡 속 알세스트는 어린 미망인 귀족 셀리멘을 사랑하지만 한편으로 경멸할 수밖에 없다. 셀리멘의 도덕적 결점을 확인하고 비난하지만 그녀를 사랑하는 마음이 사라지지 않는다. 이 딜레마를 요약한 희곡의 부제는 '사랑에 빠진 우울한 사람'이다. 발렌틴은 알세스트의 사랑을 나름대로 해석하던 중 자신의 시험장에 찾아온 에드워드를 발견한다. 그 전까지 알세스트의 행동을 비난하는 해석을 구술하던 발렌틴은 순간 자신들의 사랑을 희곡에 대입해 본다. "알세스트에게 하고 싶은 말은, 날 사랑한다면 날 있는 그대로 받아달라는, 나도 지금 그대로의 당신을 받아들이겠다는 것이었죠." 시험을 감독하던 교수는 뜨악한 표정이다. "주제에서 벗어나지 마세요." 하지만 발렌틴의 눈은 이미 교수가 아닌 에드워드를 향해 있다. 그리곤 그를 바라보며 알프레드 뮈세의 시 <사랑은 장난으로 하지 마오, On ne badine pas avec l'amour>의 한 구절을 인용한다. "이 세상에서 가장 신성한 것은 불완전한 남녀의 결합입니다." 시험이 끝나고 두 사람이 첫 데이트 때처럼 영화 같은 키스를 나누며 영화는 끝이 난다.

내가 고등학교를 졸업하고 대학을 간 것도 벌써 오래 전 일이다. 고향을 떠나 서울에서 직장 생활을 하며 혼자 살기 시작한 지도 꽤 됐다. 어릴 적 라디오를 듣던 버릇 때문인지 대학에서 의상 디자인을 전공하고도 나는 음악이 있는 일터로 이끌렸다. 음악 콘텐츠 기획자 일을 하며 음악 영상과 오디오를 기획하는 것이 내 직업이다. 이 일도 라디오 방송과 크게 다르지 않다. 새로운 음악을 선곡하고, 숨겨진 뮤지션을 찾는다. 좋은 음악과 뮤지션이 사람들에게 잘 알려지길 바라고 노력한다.

물리적 시간이 흐른 만큼 내 성격도 사회적으로 변모했다. 하지만 혼자 있는 적막은 아직도 어색하고, 가끔은 높은 벽 앞에 선 듯 마음이 갑갑하다. 그럴 때면 나는 타인의 목소리를 듣고자 라디오를 튼다. 겨울날 아침에 일어나 서늘한 냉기 속에서 조금의 온기를 찾고자 크게 틀어놓은 라디오 속 활력 넘치는 목소리, 출근을 준비하며 듣는 가벼운 음악, 잠들기 전 하루를 위로하는 사연들. 시간이 흘러도 타인의 소리로 위로받고자 하는 건 여전하다. 알지 못하는 타인의 이야기는 돌아서면 잊어버릴 만큼 휘발성이 강하지만, 금방 사라질 목소리와 감정이라도 순간 나의 외로움을 채워주기에 아직까진 이만한 게 없다.

어린 시절 마냥 동경과 위로를 주던 공중파 라디오 제작자에게도 삶의 굴곡이 있었으리란 생각을 요즘은 한다. 그리고 어린 날의 나와 지금의 나처럼, 누군가도 라디오 방송에서 위로받으리란 생각도 해본다. "가끔 라디오에서 좋은 노래가 나올 때가 있어. 노래를 듣고 나선 들은 것만으로 행복해지기도 해. 만약 평생 동안 듣고 싶은 노래가 있다면, 넌 그런 노래일 거야." 영화 속 대사가 너무 달콤하고 인상 깊어 『유 콜 잇 러브』를 본 후 한동안 나의 블로그와 노트에는 이 문구들이 적혀 있었다. 내가 만든 방송과 선곡도 누군가에게 가닿고 있을까. 위무하는 자와 위로받는 사람의 마음이 만나는, 순간의 아름다움을 나는 흠모한다. 그리고 마음을 전달받기만 하던 사람이 누군가에게 전하는 사람으로 변하는 기적을 믿는다. 그 과정이 꼭 논리적이란 법은 없다. 영화 속 발렌틴과 에드워드처럼, 때론 작은 마음을 전하는 것이 모든 일의 시작이기에.

콘텐츠 기획자라는 직업은 한정된 예산과 트렌드에 끊임없이 압박을 받는 일이다. 이해관계가 다른 다양한 사람들을 조율하는 일에 진이 다 빠졌다가도, 그런 꿈같은 순간을 생각하면 '그래, 그래도' 같은 어설픈 다짐을 하게 되는 것이다. 그리고 다짐의 끝에는 늘 어린 시절 수없이 내뱉었던 엔딩 멘트가 조용히 달라붙는다.

"지금까지 『색깔 속의 시네마』, 진행에 조혜림이 었습니다."

혜림의 Playlist

<You Call It Love> - Karoline Krüger / 『유 콜 잇 러브』

<How Deep Is Your Love> – Bee Gees / 『토요일 밤의 열기』

<Can't Take My Eyes Off You> – Frankie Valli / 『컨스피러시』, 『내가 널 사랑할 수 없는 10가지 이유』

<Stand by Me> – Ben E. King / 『스탠 바이 미』

<My Sharona> - The Knack / 『청춘 스케치』

<Pretty Woman> – Roy Orbison / 『귀여운 여인』

<Reality> – Richard Sanderson / 『라붐』

<She> – Elvis Costello / 『노팅힐』

<One Summer Night> – 진추하 / 『사랑의 스잔나』

\<Moon River\> – Audrey Hepburn / 『티파니에서 아침을』

\<When I Fall in Fove\> - Celine Dion & Clive Griffin / 『시애틀의 잠 못 이루는 밤』

\<Unchained Melody\> - The Righteous Brothers / 『사랑과 영혼』

\<A Time for Us\> - Glen Weston / 『로미오와 줄리엣(1968)』

\<I'm Kissing you\> – Des'reee / 『로미오와 줄리엣(1996)』

\<Shape of My Heart\> – Sting / 『레옹』

playlist
4

왕가위 영화 속 음악이
나의 삶이라면

차영남

연기하고 글을 씁니다.
자주 넘어지지만 언제든 다시 일어설 수 있는 힘이
유일한 재능입니다.

90년대 후반, 초등학생이었던 나는 형과 함께 편의점 팝콘을 산 뒤 대여점에서 비디오를 빌려 영화 보는 것이 취미였다. 성룡의 『취권』이나 『폴리스 스토리』를 보고 의자를 뛰어넘으며 액션을 흉내 내거나, 이소룡의 『맹룡과강』을 보며 쌍절곤을 돌리다 뒤통수에 여러 번 혹이 났다. 주성치가 주연한 『도성』을 보고 화투나 훌라를 배우기도 했다. 말 그대로 신나는 액션과 빵빵 터지는 코미디가 홍콩 영화의 전부라고 알고 있던 시절이었다.

 그러던 어느 날 『영웅본색』을 보게 됐고, 세 남자의 뜨거운 의리에 심장이 불타올랐다. "형은 새 삶을 살아갈 용기가 있는데, 왜 너는 형을 용서할 용기가 없는 건데!"라는 주윤발의 대사와 장국영의 애잔한 눈빛에 눈물을 줄줄 흘렸다. 그렇게 홍콩 영화의 매력에 흠뻑 빠져버렸다.

하지만 그 시절 즐겨 본 홍콩 영화는 90년대에 나온 영화보다는 70~80년대 영화가 많았다. 이후 홍콩 영화들 중엔 걸작을 어설프게 흉내 낸 아류작이 많았고, 홍콩 영화에 지쳐갈 때쯤 개봉한 『무간도』가 오랜만에 가슴을 적신 영화가 되었다. 그리고 나는 『무간도』 속 양조위의 깊고도 그윽한 눈빛에 완전히 반해버렸다.

양조위의 필모그래피를 찾아본 나는 그제야 왕가위 영화를 영접할 수 있었다. 처음엔 『중경삼림』을, 그다음으로는 『화양연화』를, 이어 『아비정전』과 『2046』, 『해피투게더』 등을 보며 왕가위 영화에 빠져들었다. 왕가위 특유의 영상미와 세련미가 영화를 보는 내내 감탄을 자아냈다. 영화 속 내레이션에서 흐르는 명대사와 그 뒤로 깔리는 음악들이 나를 매료시켰다. 나이가 들어가며 다시 볼 때마다 왕가위 영화는 새로웠고 깊었다.

왕가위 감독에 관한 전문적인 글을 쓰려는 건 아니다. 대한민국 곳곳에 숨어 있는 왕가위 마니아들에 비하면 나는 턱없이 무지한 수준일 것이다. 그럼에도 욕심을 내 왕가위 영화와 관련된 글을 하나 써보자면 그의 영화에 등장하는 음악과 어울리는 상황에 대한 개인적인 추천을 하고 싶었다. 그러니 부디 왕가위 마니아든 아니든 편안한 마음으로 읽어주기를.

1. 출근하지 않아도 되는 날 잠이 덜 깬 아침

Los Indios Tabajaras - <Always In My Heart>
『아비정전』(1990)

출근하지 않아도 되는 날 아침, 휴대전화의 알람 대신 창문으로 들어오는 햇살에 잠이 깼다면 벌떡 일어나지 말고 이불 속에서 반쯤 감은 눈으로 이 노래를 틀자. 그리고 다시 살포시 눈을 감고 포삭한 이불을 끌어안으며 듣자. 기분 좋은 꿈속을 여행하는 느낌을 느낄 수 있을 것이다.

<아비정전>의 오프닝, 쿨하게 걸어 들어오는 아비(장국영)는 수리진(장만옥)의 가게에 며칠 내내 찾아오더니 한마디 던진다.

"오늘 밤 당신 꿈에서 날 보게 될 거예요."

다음 날, 하품을 하며 겨우 영업을 하고 있는 수리진에게 다시 찾아온 아비. 수리진은 말한다.

"어젯밤 꿈에 당신은 나오지 않았어요."

수리진의 철벽 방어에 포기할 법도 하지만 아비는 쉽게 포기하지 않는다.

"당연하지. 한숨도 못 잤을 테니까."

이 어마어마한 선수는 자신감 넘치는 멘트를 날리고 다시 쿨하게 떠난다. 그제야 수리진은 기분 좋은 꿈을 꾸는 듯 낮잠에 빠지고 이내 <Always In My Heart>가 흘러나온다. 그다음은 많은 이들에게 4시 16분을 특별하게 만든 명장면. 둘은 사랑에 빠진다.

영화 전체를 보고 나면 마냥 기분 좋은 꿈같은 음악은 아니지만 나른한 날의 늦은 아침, 잠에서 깨어나기 전이나 혹은 침대에 앉아 차 한잔을 마시며 듣는다면 마음의 평화를 얻을 수 있을 것이다. 아, 혹시 이 음악이 마음에 들었다면 브라질 기타 듀오 로스 인디오스 타바

하라스의 다른 음악도 들어보시라. 휴식에는 로스 인디오스 타바하라스 음악만 한 게 없다.

2. 여행을 떠나는 날

The Mamas & The Papas - <California Dreamin'> 『중경삼림』(1994)

유명한 음악이든 다른 영화에 나왔던 음악이든 마음에 들고 영화의 분위기와 어울린다면 가리지 않고 쓴다는 왕가위 감독. 유명한 음악을 쓰다 보면 자칫 장면이 묻히거나 뻔한 클리셰처럼 느껴질 수 있음에도 왕가위는 장면과 딱 맞아떨어지는 연출로 무려 마마스 앤 파파스의 <California Dreamin'>을 다시 한 번 상기시키는 명장면을 만들어냈다. 바로 전설적인 등장 신으로 불리는 『중경삼림』의 양조위 등장 신. 제복을 입고 등장하는 경찰663(양조위)과 샐러드 가게에서 일하는 페이(왕페이)가 처음 마주하는 장면에서, 자유로운 영혼을 지닌 페이는 이 음악을 시끄럽게 틀고 일한다. 바로 앞에 있음에도 크게 대화를 해야 할 만큼 높은 볼륨에 경찰663은 말한다.

"시끄러운 음악을 좋아하나 봐요."

페이는 대답한다.

"시끄러운 게 좋아요. 다른 생각을 안 할 수 있으니까요."

잡념에서 벗어나고 싶은 페이는 음악에 맞춰 몸을 흔들며 샐러드를 만든다. 작은 샐러드 가게 안에 있어도 어디든 떠날 수 있을 것처럼 자유로워 보이는 페이. 경찰663의 여자친구인 스튜어디스가 편지를 남기고 떠난 후 페이는 점점 경찰663에게 관심을 보인다. 그의 집에 몰래 들어가 청소하고 전 여자친구의 흔적을 지우기도 한다. 둘이 잘되어 가는가 싶었는데 경찰663이 장소를 잘못 찾은 건지 이상하게 약속 날 나타나지 않은 페이. 어디로 간 걸까. 혼자 남은 경찰663은 애써 태연해하지만 그의 눈빛이 고독하고 애처롭다.

시간이 지난 후 페이는 스튜어디스가 되어 제복을 입고 샐러드 가게를 찾아온다. 사촌 오빠는 없고 경찰

663이 편한 차림으로 <California Dreamin'>을 크게 들으며 샐러드 가게를 지키고 있다. 둘은 입장이 바뀌었지만 그래도 달라진 건 딱히 없다. 물에 젖어 약속 장소가 번진 냅킨을 꺼내 보이며 추억을 상기시키는 경찰663. 페이는 다시 적어주겠다며 말한다.

"어딜 가고 싶죠?."

경찰663은 대답한다.

"아무 데나, 당신 좋은 대로."

어디론가 떠나고 싶은 사람이라면 『중경삼림』을 보고 출발하자. 그곳이 어디든, 당신 좋은 대로. <California Dreamin'>을 크게 들으며.

3. 고독하고 쓸쓸한 날
Shigeru Umebayashi – <Yumeji's Theme> 『화양연화』(2000)

사랑을 표현하기보다 숨기려고 하는 두 남녀, 그 둘은 각자의 남편과 아내가 바람을 피우고 있다는 사실을 알고 방치된 공백을 채우며 서로를 만난다. 하지만 이루어질 듯 이루어지지 않는 둘. 더 다가가지도 멀어지지도 못하는 그들의 사랑은 어디로 가야 아름다운 종착지에 닿을까. 온전하게 사랑하지 못하는 둘 사이에는 영원히 풀리지 않을 것 같은 쓸쓸함이 흐른다. 하나는 오르고 하나는 내려가는 엇갈린 방향의 계단 속에서, 쏟아지는 비를 피하기 위해 들어간 처마 밑에서, 혼자 상념에 빠져 담배를 깊게 빨아들일 때도 그들은 외롭다.

 어딘가 허전한 마음이 들 때면 이 음악을 듣는다. 늦은 저녁 고된 하루를 보내고 퇴근하며 동호대교를 지날 때, 일이 잘 풀리지 않은 밤 소파에 앉아 위스키를 마시며, 수많은 사람을 만나 왁자지껄 떠들고 터덜터덜 홀로 돌아오는 길에서, 쓸쓸함을 달래주듯 구슬프게 울리는 현악기의 연주가 가슴을 쿡쿡 찌른다. 완전히 해소시켜주지도 않으면서 그렇다고 혼자 내버려 두지도 않는 음악. 이렇게 답을 내려주지 않는 음악과 함께 고요한 시간을 보내고 나면 한층 더 성숙해진 느낌이 든다. 해결하는 방법을 알고 발전해서가 아니라 곧 다시 다가올 고독의 시간을 감당할 수 있는 어른이 되는 느낌의 성숙. 『화양연화』 속 주모운(양조위)처럼 처연하고 담담하게 많은 감정들을 받아들이며 묵묵하게 또 다음 날을 이어가는 삶을 살게 된다.

나이가 들수록 감정을 겉으로 표현하는 일이 줄어든다. 어린아이처럼 폴짝 뛰며 기뻐하지도 않고 두 눈 위에 팔을 얹고 엉엉 울지도 않는다. 열심히 소리 내 울고 웃어도 내 마음을 알아줄 사람이 딱히 없다는 사실을 안다. 나를 완전히 이해할 수 있는 존재는 오직 나뿐이라는 것을. 그래서인지 감정의 동요가 있을 때 친구를 찾아 술을 연거푸 마시는 날보다 혼자 있는 시간이 많아진다. 어설프게 위로를 받으려고 애쓰는 나 자신도 처량하고, 그런 나를 위로하려 애쓰는 친구의 리액션도 애처롭다. 차라리 대답 없이 묵묵하게 자리를 지키는 책이나 음악이 한결 나을 때가 있다.

그러니 고독하고 쓸쓸한 날이면 <Yumeji's Theme>을 듣자. 지금의 고독을 온몸으로 받아들이고 싶은 날, 모든 걸 다 잊고 밝게 웃기보다 오늘의 쓸쓸함을 간직하는 어른이 되고 싶은 날, 아무도 몰라줄 내 마음을 스스로 다스리고 싶은 날이면 이 음악이 당신을 위로해줄 것이다.

4. 사랑하는 사람을 위해 저녁 식사를 준비한 날

Dinah Washington - <What a Difference a Day Made> 『중경삼림』(1994)

특별한 날 저녁, 사랑하는 사람을 위해 식사를 준비한 날. 일상적인 느낌에서 벗어나 낭만적인 분위기를 잡고 싶은데 말로는 잘 표현하지 못하는 사람들은 준비한 요리를 식탁에 올려놓고 형광등을 끄자. 그리고 노란빛이 감도는 간접등을 켜고 술을 마신다면 와인과 함께하자. 그리고 이 음악을 틀자. 갑자기 분위기를 잡으려다 어색해지는 일이 없게 다이나 워싱턴의 <What a Difference a Day Made>가 도와줄 것이다.

영화 속, 경찰 663(양조위)과 스튜어디스(주가령)는 집에서 함께 시간을 보낸다. 여자는 캔맥주를 따고 남자는 의자에 걸터앉아 모형 비행기를 들고 공중을 항해한다. 음악이 흘러나오면 여자는 유영하듯 몸을 움직이고 남자는 여자에게 가까이 다가간다. 맨몸 위로 흐르는 맥주와 남자의 머리 위에 장난으로 쏟는 맥주. 여자와 남자는 좁은 집 안을 돌아다니며 '나 잡아 봐라'를 하다 결국 사랑을 나눈다. 무더운 홍콩의 여름 낮, 땀이 범벅이 된 여자는 침대에 편안하게 누워 있고 남자는 여전히 모형 비행기를 들고 공중을 항해한다. 시간이 멈춘 평화로운 날 같다. 하지만 여기까지.

그 뒤의 대사는 다소 슬프다.

"우리가 함께할 시간이 오래갈 줄 알았다. 연료를 가득 채운 비행기처럼. 하지만 비행기가 항로를 바꿔버렸다."

둘의 관계에 변화가 있을 것임을 알리는 대사와 행복한 듯, 허무한 듯 알 수 없는 표정을 짓는 여자. 그 뒤로 페이(왕페이)가 양조위의 마음을 흔들어 놓는다. 그러니까 음악을 함께 들었다고 해서 영화를 같이 보진 말자. "헤어지자는 거야, 지금?" 소리를 들을 수 있으니. 부디 여러분은 항로를 바꾸지 말고 오래오래 사랑하시기를.

5. 애인과 다툰 후 마음이 복잡할 때

 Astor Piazzolla - <Prologue> 『해피 투게더』 (1997)

보영(장국영)은 '다시 시작하자'는 말을 밥 먹듯이 한다. 언제 떠날지 언제 돌아올지도 모르는 보영에 아휘(양조위)는 항상 불안해한다. 양손을 다쳐 아무것도 할 수 없는 보영을 씻기고 먹이고 담배를 물려주며 보살피는 아휘. 심지어 자신이 아플 때도 보영에게 밥을 해준다. 돈을 벌기 위해 탱고 바에서 일하는 아휘를 접대부냐고 비아냥대며 정작 본인은 돈도 벌지 않는 보영. 이렇게 제멋대로인 보영이지만 그런 보영을 사랑하는 아휘는 보영 없이 살아가기가 너무 힘들다.

불안함에도 함께 있기를 택할 수밖에 없는 아휘. 함께하는 순간이 주는 행복이 얼마나 크면 이리도 미련한 사랑을 할까. 하지만 사랑해본 사람은 알 것이다. 사랑하는 사람이 주는 아픔까지도 껴안고 싶은 마음을. 그 사람과 함께할 수만 있다면 말이다.

홍콩의 정반대편인 아르헨티나 부에노스아이레스로

간 그들. 이구아수 폭포를 보려고 했지만 찾지 못하고 헤어진 그들. 그리고 잊힐 때쯤이면 다시 찾아오는 보영. 그가 떠나면 떠난 대로 괴로워하고 돌아오면 돌아오는 대로 행복해하는 아휘를 보면 탱고가 생각난다.

끝날 듯 끝나지 않는 보영과 아휘의 관계, 탱고 바의 허름한 주방에서 둘이 사랑을 나누며 추는 슬픈 탱고의 선율이 아휘의 쓸쓸한 사랑을 더욱 가슴 아프게 한다. 슬픔을 지우려는 듯 물을 뿌려가며 도살장 바닥의 피를 밀어내지만 잠시 흐려지기만 할 뿐 쉽게 사라지진 않는다. 아마도 아휘의 사랑은 영원히 사라지지 않는 것이 아닐까.

이토록 슬프고 애절한 그들의 사랑을 아르헨티나의 반도네오니스트 아스토르 피아졸라가 표현해준다. 거대한 이구아수 폭포가 쏟아지는 풍광에 흘러나오는 음악이 알 수 없는 미지의 세계로 그들을 안내하듯이, 그들의 미래도 정확히 알 수 없다. 우리의 삶도 하루하루가 다르다. 어제는 완벽한 하루를 보냈는데 오늘은 엉망진창이기도 하고, 오늘은 사랑한다고 말해놓고 내일은 헤어질지도 모르는 게 우리의 삶이다. 그렇게 한 치 앞도 모르는 삶의 굴레 안에서 멈추지 않는 춤을 춰야만 하는 우리는 듣자, 아스토르 피아졸라의 <Prologue>를. 그리고 복잡한 마음이 정리되면 이어서 듣자. Danny Chung의 <Happy Together>를.

6. 모든 걸 잊고 싶을 때 혼자 샤워를 하며 맘보 춤을
Xavier Cugat - <Maria Elena> 『아비정전』 (1990)

미안하게도 이 곡은 영화적 상황과 맞추려 구태여 설명을 보태지도 못하겠다. 그래도 굳이 이 장면을 설명하자면, 영화 속 아비(장국영)는 누워서 담배를 피우고, 내레이션이 흘러나온다.

"다리가 없는 새가 살았다. 이 새는 나는 것 외에는 알지 못했다. 새는 날다가 지치면 바람에 몸을 맡기고 잠이 들었다. 이 새의 몸이 땅에 닿는 날은 생애에 단 하루, 그 새가 죽는 날이다."

침대에서 일어난 그가 트렁크에 민소매를 입고 턴테

이블의 바늘을 레코드판 위에 올려놓자 사비에르 쿠가트의 <Maria Elena>가 흘러나온다. 거울 앞에 선 그는 음악에 흠뻑 젖어 맘보 춤을 추기 시작한다. 작은 슬리퍼에 발을 구겨 넣은 채로.

평생 그리워했던 친엄마를 찾으러 갔다 만남조차 거부당하자 뒤도 돌아보지 않고 떠나는 아비의 삶이, 미스터리한 소문이 무성한 스타라는 빛에 가려진 장국영의 갑작스러운 죽음이 마치 발 없는 새처럼 고달프다. 하지만 나는 법밖에 모르는 새는 끊임없이 날갯짓을 해야 하는 법. 그래서인지 맘보 춤이 신나면서도 구슬프다. 모든 걸 잊고 싶어 하는 몸부림 같기도 하고, 걱정은 떨치고 현재에 집중하려는 노력 같기도 하다. 개인적으로는 소원을 비는 춤같이 느껴지기도 한다.

그런 이유로 나도 맘보 춤을 춘다. 오로지 혼자일 때, 샤워를 하면서. 알몸으로 춤을 춘다니 상상하면 우습겠지만 <Maria Elena>를 틀어놓고 떨어지는 물줄기를 맞으며 아무도 없는 화장실에서 춤을 추고 있자면 온전히 나만을 위한 춤처럼 느껴진다. 달리 어디에서 나의 전신을 드러내고 춤을 출 수 있겠는가. 평소엔 춤추는 것을 좋아하지 않는다. 몸치에 가까워 춤을 꺼리기도 하고, 남들 앞에서 추는 춤은 더더욱 그렇다. 하지만 혼자 있는 집에서 추는 맘보 춤이라면 몇 번이고 가능하다. 어깨를 돌릴 때마다 걱정이 하나씩 떨어져 나가는 기분이 들고, 아무도 없다는 생각에 자유로워진다.

자유를 얻을 수 있는 순간은 생각보다 많지 않다. 내가 생각하는 진정 자유로운 상태란 홀로 존재해야 하며, 모든 선택을 스스로의 의지로 할 수 있어야 하고, 그 결과가 타인에게 무해해야 한다. 하지만 살다 보면 원하는 것을 선택했을 뿐인데 의도치 않게 타인에게 피해를 주는 일이 종종 있다. 죽을죄를 짓는 것까지는 아니라도 타인보다 나를 우선해야 한다거나 일정한 규칙 안에서 행동해야 하는 일이 많지 않은가.

그런 면에서 샤워할 때 추는 맘보 춤이야말로 완전한 자유의 행동이다. 아무도 없는 데서 혼자 춤을 춘다고 해서 누군가에게 피해가 가진 않을 테니. 아, 너무 오래 추면 물을 좀 낭비할 수 있겠다. 영화 속에서도 짧게 추지만 임팩트가 강하니 우리도 적당히 추자. 잡념이 조금 사라지는 순간까지.

영남의 Playlist

Los Indios Tabajaras - <Always In My Heart> 『아비정전』(1990)

The Mamas & The Papas - <California Dreamin'> 『중경삼림』(1994)

Shigeru Umebayashi - <Yumeji's Theme> 『화양연화』(2000)

Dinah Washington - <What a Difference a Day Made> 『중경삼림』(1994)

Astor Piazzolla - <Prologue> 『해피 투게더』(1997)

Xavier Cugat - <Maria Elena> 『아비정전』(1990)

playlist
5

내게 남은 노래를 드릴게요

이도형

세상에는 시가 되는 사람이 있어, 시를 쓰는 사람이 되었다.
노래도 마찬가지다.
시집 『오래된 사랑의 실체』, 『처음부터 끝까지』,
『이야기와 가까운』,
소품집 『사람은 사람을 안아줄 수 있다』 등을 썼다.
독립영화 『오래된 사랑의 실체』, 『새벽섬』의
각본과 연출을 맡았다.

대답할 새도 없이 책상 위에 있던 노트를 가져가며 너는 말했다.

나도 쓸래. 나중에 너도 써줘.

-

해연은 맥주와 함께 종이와 펜을 가져다줬다. 듣고 싶은 노래가 있으면 적어서 나한테 줘. 원래는 한 사람당 한 곡밖에 신청 못 해. 해연은 살짝 웃으며 돌아섰다. 신촌에 처음 가본 날이었다.

-

흑석역 4번 출구에서 중앙대학교 병원으로 내려가는 길의 오른쪽 언덕 위로 작은 동네가 있었다. 원재의

자취방은 그 언덕을 반쯤 오르면 있는 골목 안쪽 어느 주택의 반지하 단칸방이었다. 나는 언덕이 시작되는 삼거리에 있는 슈퍼에서 소주와 종이컵을 사서 나와, 슈퍼 옆의 허름한 분식집에서 떡볶이와 오징어튀김을 포장했다. 원재는 씩 웃으면서 문을 열어줬다. 어서 와. 빨래를 널어놔서 지금 좀 쿰쿰하긴 한데…. 몇 년 전 그 언덕 동네는 재개발 구역으로 지정되었고, 원재는 지금 서울에 없다.

-

내 말 얼마나 알아들어? 나는 호시우역 2층에서 지상으로 내려가는 에스컬레이터에 서 있었고 레이니는 다섯 칸 정도 앞에 있었다. 레이니는 갑자기 뒤로 돌아 내 쪽으로 올라오며 물었다. 나는 어깨를 으쓱하며 영어로 대답했다. 거의 다 이해해, 대답하기는 가끔 어렵지만. 조심해, 다 와가. 에스컬레이터가 지상에 도달하기 직전에 레이니는 돌아서서 앞서가며 말했다. 그럼 너도 네 노래를 들려줘. 리스본의 12월은 서울의 10월 같았다. 호시우 광장에는 한 무리의 마라토너들이 줄을 지어 테주강 쪽으로 난 도로 위를 뛰어가고 있었다.

-

 호스텔은 호시우역 내에 있었다. 라운지의 소파에 앉아서 네루다의 시집을 읽고 있었던 걸로 기억한다. 스무 편의 연시와 한 편의 절망의 노래였을 것이다. 인기척을 느끼고 고개를 드니 맞은편 소파에 히피펌을 하고 주황색의 무늬 원피스를 입은 여자가 기타를 품에 안고 앉아 있었다. 안녕. 레이니가 먼저 인사를 건넸다. 안녕. 너 연주할 생각이야? 나는 악의 없이 물었다. 레이니는 미소를 지으며 대답했다. 물론. 내 기타를 가져왔어. 널 어떻게 부르면 될까?

-

 이 부분을 어떻게 부를까…. 원재는 소주 두세 잔만 마셔도 얼굴이 새빨개졌다. 포장해 온 떡볶이처럼 붉어진 얼굴로 원재는 후렴으로 넘어가기 전에 노래를 멈췄다. 노래가 멈추면 원래 사람도 멈추나. 아니, 노래는 안 멈춘다. 나만 멈춘 것 같네. 원재는 기타를 내려놓고 잔에 술을 채웠다. 여름이라 안 그래도 습한데, 빨래를 널어 놓으니까 무슨 안개 속에 있는 것 같다. 근데 수현이가 올 때보다는 빨래를 자주 안 해도 되니까 그건 좋네…. 소주를 입 속에 털어 넣은 뒤 눅눅해진 오징어 튀김을 질겅질겅 씹으면서 원재는 말했다. 이사 가는 게 좋지 않겠나, 남은 학기도 없는데. 더 취하면 이 방의 습도를 느끼지 못할까 싶어 원재를 따라 술을 마시며 물었다. 이사 가야지. 언제 시험 통과할지도 모르겠고. 이사 가야 되는데…, 아직 계약이 안 끝났잖아. 대화는 거기서 멈췄다. 술이나 더 사 올게. 원재는 기타를 내려놓고 살짝 휘청이며 일어나더니 슬리퍼를 신고 나갔다. 나는 수현이 생일선물로 사주었다던 기타를 물끄러미 바라보다, 원재가 부르다 만 부활의 <소나기>를 마저 흥얼거려 보았다. 어느새 너는 그렇게 멈추었나.

-

다음 쉬는 시간이 되자 해연은 장난스런 미소를 띠며 책상으로 다가와 노트를 건넸다.

이따가 펼쳐 봐.

　그때 우리가 알던 한강의 공원은 여의도한강공원뿐이었다. 나는 혜화역에서 지하철 4호선을 타고 동대문역사공원역에서 5호선으로 환승을 하여 여의나루역에 도착했다. 공원으로 내려가는 계단은 오뎅이나 닭꼬치를 파는 행인들과 누군가를 기다리는 사람들로 붐볐다. 해연은 먼저 도착해 있다고 문자를 남겨 놓았었는데, 공원 입구에서는 해연을 찾을 수 없었다. 전화를 걸어 보았으나 해연은 받지 않았다. 나는 일단 강 쪽으로 더 걸어 내려갔다.

　강과 가까운 공터에서 기타 소리가 들려 무작정 그쪽으로 발걸음을 옮겼다. 음악과 가까워지는 사람은 자신의 심장이 뛰는 소리를 듣게 된다. 벤치에 앉아 해연은 기타를 치면서 이소라의 노래를 부르고 있었다. 나는 조금 떨어진 곳에서 해연이 노래를 다 부를 때까지 가만히 서서 기다렸다. 어떤 사람은 노래로 기억되고, 어떤 노래는 풍경으로 기억된다. 해가 저물고 있었다. 그때부터 서울이 붉은 도시로 느껴졌는지도 모르겠다.

-

 붉은 도시 하면 사람들은 피렌체를 떠올리곤 하지만, 내겐 리스본이 가장 붉은 도시야. 레이니의 목소리는 빗방울이 붉은 벽돌의 지붕을 스쳐 떨어지는 듯했다. 트램을 타고 언덕을 올라가서 노을 지는 항구를 봐. 네가 살았던 도시는 어때? 나는 대답하지 못하고 와인을 마실 건지 물었다. 여기에선 맥주병처럼 작은 병에도 와인을 판다면서. 레이니는 좋다고 대답하며 지나쳐 가던 캐나다인 무리에게도 말을 걸었다. 노래를 들어볼래요? 저는 브라질에서 왔어요. 제 고향의 노래를 들려 드릴게요. 숲의 노래라고들 하죠. 하지만 우리는 지금 대양을 건너와 있어요. 춤을 춰도 좋아요. 사람들과 함께 포르투갈어로 된 노래를 의미도 모르고 따라 흥얼거리는데 나도 모르게 눈물이 났다. 레이니는 노래를 마치고 직접 짠 손수건을 건네주며 말했다. 더 울고 싶으면 계속 노래를 불러.

-

 1977년 발매된 이기 팝의 솔로 앨범 『Lust for

Life』에는 <The Passenger>라는 곡이 수록되어 있다. 나는 승객이 되어 도시의 뒷골목을 누비네. 빅토르 최의 데뷔를 둘러싼 이야기를 담은 키릴 세레브렌니코프 감독의 음악 영화 『Leto』(2018)에서 빅토르와 나타샤는 트램에 올라타고 승객들은 <The Passenger>를 부른다. 빅토르 최의 밴드 '키노'의 노래 제목이기도 한 <Лето>는 러시아어로 여름이란 뜻이다. 노래를 부르는 우리는 모두 생의 승객이다. 여름은 노래를 부를 때 시작되고, 노래를 부르며 여름은 끝난다. 여름은 녹음되지 않은 우리의 이야기들과 함께 승객이 되어 전부 어디로 갔을까.

-

　졸업여행을 가는 버스에서 해연과 셋이서 노래를 부르자고 제안한 건 원재였다. 부안에 있는 변산반도의 채석강으로 향하는 길은 지루했다. 무슨 노래 부를 건데, 생각해 놓은 건 있어? 지금 정하면 되지. 원재는 듣는 둥 마는 둥 장난스럽게 대답했다. 해연이랑 같이 하자. 내가 부탁할게. 좋지? 대답을 듣지도 않고 원재는 일어나서 좌석 사이 통로를 걸어 해연을 찾아갔다. 담임 선생

님은 해 지기 전에 채석강에 도착할 거라고 했다. 채석강에서 일몰을 본 적도 없으면서 멀리 간다고 불평하지 말라면서. 나는 습기 찬 창에 해연이 노트에 적어놓았던 가사를 손가락으로 써보았다. 물방울이 흘러내려 글자는 금방 알 수 없게 되었다.

-

어떤 노래는 다시 찾아 들을 때 처음 듣는 것만 같다.

-

노래를 끝낸 해연에게 다가가서 어깨를 살짝 건드렸다. 기타 가져왔네. 한강 건너편의 아파트 단지 위쪽으로 붉은 달이 뜨고 있었다. 아, 왔어. 기타도 바람 좀 쐬어야지. 사람이랑 똑같아. 음악도, 악기도 바깥에 나오지 않으면 녹슬어. 나는 해연의 옆에 앉아 얼굴은 보지 못하고 무릎 위에 놓인 기타만 쳐다보면서 해연의 말을 들었던 것 같다. 노래는 이제 그만하려고. 노래만 하다간 삶이 흩어질 것 같아. 해연은 덤덤하게 말했다. 혼자 부르는 노래를 노래라 할 수 있을지도 모르겠지만…. C 엔터에 마케팅팀으로 들어가기로 했어. 이사도 가야 해. 강바람이 해연의 손가락 사이로 불어 기타의 바디 속으로 들어갔다 나왔다. 우리 이제 자주 못 볼 거야. 너는 계속 글 쓸 생각이야? 나는 대답하지 못한 채 해연의 손끝에 있는 악기 속의 허공을 한동안 응시했다. 폭죽 터지는 소리에 우리는 동시에 고개를 돌렸다. 불꽃이 여름과 함께 점멸하고 있었다.

-

허공이 있어야만 음악이 탄생한다.
음은 허공에서부터 울린다.

-

마라토너들이 뛰어간 길을 레이니와 함께 걸었다. 우리는 아치들 위로 노란색 외벽을 한 건물들이 디귿 자로 둘러싸고 있는 코메르시우 광장에 도달했다. 광장 곳곳에는 다양한 국적의 사람들이 버스킹을 하고 있었다. 레이니는 끈질기게 내게도 노래를 불러달라고 했다. 그러는 동안 우리는 케냐 국기를 걸어놓고 단체로 춤을 추는 아이들과, 일렉트로닉 음악을 작은 앰프로 틀어놓고 말머리 인형 탈을 쓴 채 젬베를 두드리고 있는 사람과, 10년 전쯤에 유행했던 뮤지컬 영화의 노래를 연주하는 4인조 밴드를 지나쳤다. 광장의 끝은 테주강과 맞닿아 있었다. 레이니, 내가 부르는 노래를 듣고 싶은 이유가 대체 뭐야? 리스본을 지나 대서양과 만나는 테주강의 하류는 이미 바다라 불러도 될 만큼 넓었다. 나는 네게 내 노래를 들려줬어. 그런데 너는 네 이야기를 하지 않았잖아. 레이니는 논리학 강의의 첫 번째 시간에 등장한 교수님처럼 말했다. 언어보다 가까운 곳에 노래가 있어. 강물에 휩쓸려 다른 대륙으로 가버릴 것만 같은 기분이라면, 노래를 불러. 노래는 돛이기도 하지만 닻이기도 하니까.

-

원재가 방을 빼기 전날, 나는 짐 정리를 도와주러 흑석동으로 갔다. 정리를 마치고 중식당에서 짜장면과 탕수육을 먹다가 원재는 해연의 안부를 물었다. 회사 잘 다니는 것 같아, 나는 짧게 대답했다. 해연이 강변에 앉아 홀로 노래하던 모습이 잠깐 떠올랐지만. 원재는 해연에 대해 더 이상 묻지 않았다. 그날 밤 우리는 취해서 노래방에 갔다. 원재는 소파에 쓰러지며 너무 오랜만이라 무슨 노래를 불러야 될지 모르겠다고 중얼거렸다. 테이블에 고개를 숙이고 엎드린 원재를 보다가 나는 문득 졸업여행 가는 길의 버스가 떠올랐다. 그럼 내가 먼저 부를게. 너도 같이 부를 수 있어.

원재는 해연에게 갔다 와 내 옆자리에 다시 앉았다. 해연이도 좋대. 노래도 정했어. 뭔데? 내게 남은 사랑을 드릴게요. 해연이 노트에 가사를 써주었던 노래였다.

-

다시 떠난다 해도 내게 남은 사랑을 드릴게요. 레이니는 후렴 부분이 시작되자 음을 따라 허밍했다. 기억하지는 않아도 지워지지가 않아요. 유라시아 대륙의 반대편에서 나는 떠나온 도시에서, 골방에서, 공원에서, 돌아오지 않는 시간 속에서 함께 노래를 불렀던 사람들을 떠올렸다. 테주강과 맞닿은 하늘은 리스본의 지붕들처럼 붉게 물들고 있었다. 노래가 끝나자 레이니는 나를 잠깐 안아주었다.

-

　원재가 고향으로 내려가고 나서 한동안 아무것도 쓰지 못했다. 가을을 흘려보내니 어느새 초겨울이었다. 나는 리스본으로 향하는 비행기 표를 끊었다. 이 대륙에서, 서울에서 가장 먼 도시로 가고 싶었다. 도망치는 느낌이 아니라 찾으러 가는 느낌으로. 레이니를 처음 만난 날, 나는 아침부터 저녁까지 아무것도 먹지 않고 노란색 28번 트램을 탄 채 창밖의 도시를 구경했었다. 당신들과 함께 온 적 없는 도시의 골목에서 이상하게 당신들의 노래가 불쑥불쑥 나타났다 사라졌다. 오래된 성당에서 울리는 종소리를 듣고 나는 숙소로 돌아갔다.

-

　공항으로 출발하며 레이니와 작별 인사를 나눴다. 레이니는 동유럽과 중앙아시아를 횡단하여 언젠가 한국에 도착해 보겠다고 말했다. 물론 노래처럼 어디까지, 언제까지 갈 수 있을지는 모르겠어.

-

 게이트에서 서울행 비행기의 탑승 안내를 기다리다가 가방에서 노트를 꺼냈다.

 멀리서 나는 쓴다.

 -

 내게 남아 있는 것이라곤 우리가 함께 불렀던 노래밖에 없는 것 같아.
 그래도 내게 남은 노래를 드릴게요.

도형의 Playlist

이문세 - <시를 위한 시> (수록 앨범 『이문세 5집』, 1988)

Iggy Pop - <The Passenger> (수록 앨범 『Lust for Life』, 1977)

Barry Manilow - <Riders to the Stars> (수록 앨범 『This One's for You』, 1976)

빅토르 초이 - <Лето> (수록 앨범 『Кино』, 1990)

김광석 - <부치지 않은 편지> (수록 앨범 『가객』, 1996)

강수지 - <반딧불> (수록 앨범 『SUSIE KANG 5』, 1994)

장혜리 - <내게 남은 사랑을 드릴께요> (수록 앨범 『내게 남은 사랑을 드릴께요/추억의 발라드』, 1988)

playlist
6

남겨진 이들을 위해 남기는 이야기

영화 『철도원』

송인섭

밴드 못(Mot)의 베이시스트이자 음악가.
자신이 쓴 음악과 글을 좋아하지만 쑥스러움이 많아
주로 혼자 듣고 봄. 하지만 곧 새 음악 발표할 예정.

항상 드는 생각이 있다. 이야기를 시작하는 것과 그 이야기를 한 줄의 제목으로 표현하는 건 참 어려운 일이라는 거다. 곡을 쓰는 것과도 비슷하다. 종종 나만을 위해 남겨놓고 싶은 이야기 또는 노래를 써 내려갈 때에는 느껴지지 않는 부담감 같은 것이랄까. 글과 음악 작업뿐만 아니라 사람을 만나 대화를 할 때도 비슷하다. 어떤 사람은 대화의 시작부터 이야기를 잘 끌고 가는 반면, 나에게는 이게 참 쉽지 않은 일이다.

뭐든지 시작이 쉽지 않았던 듯한 기억 때문일까. 글을 쓰기 위해 한참을 고민만 하다가 지금까지 보았던 영화들을 적어 보고, 음악들을 다시 찾아 듣기 시작했다. 꽤 오랜 시간 고심한 후 골라놓은 목록들을 살펴보는 순간 예상치 못한, 그리고 뭐라 설명하기 애매한 뭉클한 슬픔과도 같은 감정이 찾아왔다. 이 영화를 보고 그 음악을 들었던 당시의 상황과 감정들이 마치 뚜껑이 살짝

열린 따뜻한 음식의 향기를 맡았을 때처럼 갑자기 재생되면서 순간적인 두뇌 활동이 일어났달까. 그러면서 동시에 '나의 취향은 옛날부터 참 한결같구나' 하는 생각이 들었다.

영화와 음악을 통해 과거를 회상하며 떠오르는 몇 가지 단상들을 적어본다.

'떠나는 사람보다 남은 사람이 힘들다.' 지금까지 살아오면서 스스로 계속해서 되뇌었던, 그리고 여전히 변함없는 생각이다. 떠나는 이들은 대부분 목적이 있다. 그리고 떠나는 순간부터는 그 목적을 위해 나아가기 시작한다. 설령 떠날 때 도착할 그곳이 정확히 어디인지 정하지 않았더라도, 또는 할 일을 딱히 정해놓고 가지 않더라도 떠나는 순간부터는 최소한 어떠한 행위를 해야 한다. 정해진 목적지는 없더라도 어디든 몸을 움직여서 가긴 할 테니까. 하지만 그와는 반대로 남은 사람에게는 떠난 이의 빈자리로 인해 갑작스레 삶의 공백이란 게 생기게 되는데, 그게 나에게는 항상 복잡미묘한 감정과 기분을 선사했다. 나도 모르는 사이 일정하게 정립되어 있던 삶의 루틴에, 늘 그대로일 것만 같고 당황스러울 일이 전혀 없던 삶에 결국은 하나의 파장이 생기게 된다는 것이다. 마치 고요했던 호수 위로 떨어지기 시작하는 빗방울처럼.

1. 겨울

내가 겪은 부재의 순간들 중 여러 번이 겨울이었던 것 같다. 영화 내내 눈에 덮인 마을과 철도의 모습이 나온다. 그리고 항상 그 가운데에 서 있는 주인공의 모습. 어디를 가지도 않는다. 항상 그곳에 있다. 그의 주변에는 사랑하는 아내와 친구들을 포함해 늘 오고 가는 사람들뿐이다. 만약 내가 그 자리에 있는 사람이었다면… 누구에게도 쉽게 정을 주지 않았을 것이다. 그래야만 하지 않았을까. 항상 남는 건 나였을 테고, 모두들 나를 떠날 테니까.

나는 겨울을 싫어한다. 추위를 못 참는 것도 큰 이유이지만, 이상하게도 슬픈 기억들이 대부분 겨울이었어서 그런가 싶기도 하다. (그래서인지 연말의 시끌벅적하고 화려한 느낌도 그다지 좋아하지 않는다.) 유학 시절을 보냈던 네덜란드의 겨울은 할 수 있는 게 별로 없는 계절이기도 했다. 영화에서처럼 누군가를 떠나보냈거나 아팠던 기억은 대개 이 시기였다. 그나마 눈 덮인 광경은 좋아하는데, 사람들의 발자국이 찍히고 눈이 녹기 시작하면 좋아했던 감정이 순식간에 사라지기에 내가 좋아하는 겨울의 순간은 매우 짧다. 하지만 아이러니하게도 그 추운 날들이 끝나갈 때쯤이면 항상 왠지 모를 아련한 기억이 남는 이상한 계절이 바로 겨울이다. 만났던 사람들, 나눴던 이야기들, 장소들, 그리고 음악들이 계속 생각나는 건 대부분 겨울이라는 것이다. 정말 이유를 모르겠어서 누가 좀 알려줬으면 좋겠다. 이 이상한 계절에 대해서 말이다.

Ólafur Arnalds - For Now I Am Winter
Winter Aid - The Wisp Sings

2. 첫

나는 단기 기억력이 좋은 편이다. 대신 오래 기억에 남길 것을 내가 선택할 수 없다는, 그래서 오래 가지고 있는 기억이 얼마 안 된다는 단점이 있다. 음악을 하면서도 악보를 빨리 외울 수 있지만, 오래 기억하지는 못한다. 사람의 얼굴과 이름도 잘 기억하지 못한다. 그럼에도 불구하고 매우 적은 몇몇 기억만큼은 참 끈질기게 놓지 않고 있다. (그래서 솔직히 처음에는 『이터널 선샤인』을 주제로 쓸까 잠시 고민했다.)

영화 『철도원』에 나름의 의미를 부여해보자면, 내 인생 첫 일본 영화이다. 영화가 시작되고 처음부터 끝까지 한결같은 무드였던 것으로 기억한다. 이 글을 쓰기 위해 다시 봤을 때에도 그 느낌은 변함없는 것 같다는 생각이 들었다. 그러한 이유로 이 영화가 기억에 많이 남는다.

내 음악 인생의 첫 순간들을 떠올려 보았다. 그중에서도 내가 음악을 '정말로' 들었을 때, 진짜 음악에만 빠져 들었을 때. 요즘엔 음악을 잘 듣지도 못하고 집중도 쉽게 하지 못하는데, 음악을 시작했던 시절에는 심지어 방 안의 모든 불을 끄고 음악만 틀어놓고 있던 때가 많았다. 그때 들었던 음악들이 나를 여전히 붙잡고 있는 것 같다. 그 후로 엄청난 양의 음악들을 들었지만, 지금도 그 당시 들었던 음악들을 들을 때면 나도 모르게 귀 기울이게 된다.

Brad Mehldau - Song-Song
Keith Jarrett - Ballad of the Sad Young Men

3. 두려움

 두려움이라는 감정도 사실 꽤 다양한 얼굴을 가지고 있다는 생각이 든다. '두렵다'라는 말 한마디 안에 수많은 갈래(종류)의 두려움이 존재하지 않을까. 어쩌면 끝을 알고 있는 철도원의 삶처럼. 때로는 알고 있음에도, 미래가 뻔히 보임에도 불구하고 마음 한켠에 자리 잡는 그 감정을 표현하기가 참 쉽지가 않다. 나도 그랬다. 그리고 지금도 그렇다. 남은 자의 역할을 꽤나 많이 경험해본 나로서는 이미 알고 있는 이별이, 이미 알고 있는 부재가 어렵다. 반대로 내가 떠나는 자의 역할을 맡게 되었을 때에도 마음이 참 쉽지가 않다. 내가 누군가에게 부재를 선사해야 할 때, 그 사람이 느끼게 될 감정을 조금은 알 수 있기 때문일 것이다.

 사람 만나는 걸 좋아한다. 그래서 때로는 멀리 있더라도 그 사람을 보기 위해 찾아가는데, 갈 때의 마음과 돌아올 때의 신경 쓰임이 항상 나를 갈등하게 만들고 주저하게 만들기도 한다. 만날 때의 반가움과 행복함보다도 남겨지는 자가 될 그 사람의 순간적인 공허함과 쓸쓸함이 더 신경 쓰이기 때문이랄까. 이게 내가 느끼는 두려움의 감정 중 하나이다. 끝에 어떤 감정이 남을지 알고 있으니까. 물론 다 나 같진 않겠지만, 다른 이들은 그냥 아무렇지 않을 수도 있겠지만… 어쨌든 나는 그 순간이 참 싫다.

못(Mot) - 먹구름을 향해 달리는 차 안에서
로로스 - U

4. 도돌이표
이 글을 쓰다 보니 글을 어떻게 시작해야 하나, 했던 초반의 걱정은 사라지고 이제는 어떻게 끝맺음을 해야 할지 고민에 빠지기 시작했다. (사람 마음이 이렇다.) 그러고 보니 '좋아하는' 영화와 음악에 대해 쓰면서 '싫어하는' 것만 언급한 것 같다는 생각이 든다. 그래서 마지막이라도 '좋은' 이야기로 끝내야겠다는 생각이 (이제 와서) 강하게 든다.

그래서! 결국은 남겨지는 것이든 떠나는 것이든 앞으로 살면서 계속해서 일어날 수밖에 없는 일이라는 건데, 그러면 잘 떠나는 방법과 잘 남겨지는 방법을 찾아야 하나…(그런데 이건 좋은 이야기가 맞나…) 그래도 문득 떠오르는 게 있다. 남겨진 자의 두려움 또는 떠난 자의 부재를 느꼈던 그 겨울들의 여러 순간에 하늘을 많이 봤던 것 같다. 누군가를 떠나보낸 뒤 차갑고 어두운 방 안에 들어오면 창 밖의 하늘을, 누군가를 남겨두고 올라탔던 비행기에서는 구름 위를 봤던 것 같다. 앞으로 그럴 때면 철도원의 이 대사를 떠올릴 수 있을 것 같다.

"가슴이 텅 빈 기분이야." "추억이 남잖아요."

Novo Amor - Repeat Until Death
Mew - Louise Louisa

계속 남겨지는 사람이 되어야만 했던 『철도원』 속 주인공의 모습에 나는 많은 공감을 느꼈던 것 같다. 영화 속 대사를 통해 "그는 정말, 철도원인걸요." "원래 그런 사람이잖아."라는 마치 칭찬처럼 들리는 이야기가 오가지만, 어쩌면 그 말을 한 이들은 철도원이 아니어서 그런 이야기를 할 수 있는 건지도 모른다는 생각을 했다. 남는 사람의 역할을 해보지 않았기에 그가 느낄 공허함과 외로움을 진정으로 이해하지 못한 채로, 그는 원래 그런 사람이라고 여기는 사람들. 영화 속 주인공의 모습처럼 누군가가 떠나고 홀로 남겨졌을 때 나의 기분과 감정에 영향을 준 노래들을 난 여전히 기억하고 듣는 것인지도 모르겠다.

인섭의 Playlist

Ólafur Arnalds – For Now I Am Winter

Winter Aid – The Wisp Sings

Brad Mehldau – Song-Song

Keith Jarrett – Ballad of the Sad Young Men

못(Mot) - 먹구름을 향해 달리는 차 안에서

로로스 - U

Novo Amor – Repeat Until Death

Mew – Louise Louisa

playlist
7

송충이와 몽충이

다미안

음악 만들어 팔고 책 만들어 파는 사람.
『행여혼신: 허니문 말고 까미노』, 『I Met 'tallica』,
『무리하지 않으면 가질 수 없는걸』을 썼다.
내가 메탈리카 티셔츠만 입으니까
메탈리카만 듣는 줄 아나 본데,
메가데스도 듣는다.

송학동 아이들은 나이가 되면 자연스럽게 송학국민학교에 들어갔다. 들어간 순서대로 송학국민학교를 나와서 시내의 여러 중학교에 뿌려졌다. 중학교를 마치면 좀 더 넓게 다시 흩어져서 근처의 시/군에 있는 학교에 가는 경우도 있었다. 대부분은 실업계 고등학교에 들어갔다. 그때 그 아이들이 상업이나 공업에 얼마나 관심과 소질이 있었는지는 모르겠다. 아이들 스스로도 몰랐을 것이다. 때가 되면 아이들 앞에 선택지란 것이 주어졌지만, 선택한다고 선택할 수 있는 게 아니었으므로, 선택할 수 없는 것들을 지우고 남은 한두 개의 비슷비슷한 길 중에서 어딘가로 나아간 것이라고 봐도 별로 틀리지 않겠다.

　아이들은 비슷한 성적으로 비슷한 학교를 졸업해서 비슷한 욕구를 비슷한 방법으로 해결하며 비슷한 모양과 크기의 행복을 분수로 여기고 살게 될 것이었다. 그

동네 아이들은 당연히, 키도 얼굴도 성격도 모두 달랐지만, 또한 당연히도, 출신이 비슷한 만큼 손에 쥔 도구가 비슷했고, 꿈의 크기가 비슷했고, 가진 도구에 맞게 꿈을 줄이거나 바꾸는 시기와 방법도 비슷했다. 송학동은 송충이가 솔잎을 먹으며 자라는 동네였다. 예로부터 소나무가 많아 송학동이었을까. 내 살던 시절에도 솔잎이야 충분했지만 학이 나는 것을 본 적은 없다.

 사춘기를 맞은 송충이들은 얼른 어른이 되고 싶어서 어른 흉내를 냈다. 송충이들 눈에 멋져 보인 어른의 모습이 그런 것이었을까, 골프채를 잡아보기는커녕 골프공 구경도 못 해봤으면서 골프 웨어를 사 입었다. 어른들이 입는 브랜드의 양복바지에 번쩍이는 구두를 신고 거들먹거리며 걸었다. 오락실에 숨어 담배를 피우며 바닥에 침을 뱉었다. 여자애들은 교복 치마를 한껏 줄여 입고 촌스러운 화장 실력으로 얼굴에 못난이를 그렸다. 어느 집에나 공평하게 달랑 세 채널 나오던 테레비엔 그렇게 생긴 어른 안 나오던데, 어디서 뭘 보고 다니는 건지 사춘기 아이들은 우스꽝스러운 분장 쇼 같은 모습을 하고 다녔다. 어른들도 뭐라고 시비를 걸 수 없도록 험한 표정을 하고 몰려다녔다. 불량하고 요란한 자신들을 어른들이 못 본 척할 때면 어른의 세계에 잠입한 듯한 쾌감이 느껴졌던가 보다. 대체 주변에 어떤 어른들이 있었던 걸까.

송충이들이 불량함을 솔잎처럼 먹으며 자랄 때, 훈이 형은 식성이 좀 달랐던 모양이다. 양복바지 대신 멜빵바지를 입고, 가죽 구두 대신 펌프가 달린 운동화를 신었다. 불량해지는 일에 별 관심이 없었다. 싸움을 잘할 것처럼 보이는 일에도 관심이 없어 보였는데, 이건 그냥 싸움을 못해서였는지도 모르겠다. 괜히 잘하는 것처럼 보였다가 도전이라도 받으면 좋을 게 없었을 테니까. 또래들이 모두 '까질' 때 훈이 형도 석당히 까졌지만, 우리 동네에서 훈이 형 혼자만 좀 다르게 까진 것 같았다. 다른 형들하고도 어울려 다니는 일이 적었다. 사이가 안 좋았다거나 한 건 아닌데, 그냥 노는 방식이 다르다 보니 덜 어울리게 된 것 같았다.

훈이 형네와 우리 집은 내가 어릴 때 옆집 살아서 가족끼리도 잘 알고 지냈다. 훈이 형과 우리 형은 몇 달을 사이에 두고 태어났는데, 둘의 생일 사이에 해가 갈려서 학교는 훈이 형이 한 해 먼저 갔지만 둘은 그냥 너나들이하며 지냈다. 한국어 단어 '친구'에는 쓸데없이 '동갑'이라는 의미가 숨어들어 있어서 나이가 다른 이들이 서로를 친구로 여기지 못하게 하는 일이 많은데, 우리 형과 훈이 형은 '거의 동갑'이라는 의미에서 '친구'로 지냈다. '거의 친구'가 더 정확하려나. 하지만 언제부턴가 훈이 형은 나의 '친구'였다. 동갑 말고 친구.

내가 국민학교 5학년이 될 때였다. 우리 지역에 처음 생긴 남녀공학 중학교에 들어간 훈이 형은 한 학기를 채 다니지 못하고 교통사고를 당해 한두 달쯤을 병원에서 보냈다. 형은 내가 아는 사람 중 최초로 다리가 부러진 사람이 되었고, 최초로 입원한 사람이 되어 내 인생 첫 병문안의 대상이 되었다. 병상에 누운 형을 보러 갔을 때 형은 다른 방문객이 주고 간 베지밀을 내게 내밀었던가. 형의 한쪽 다리를 하얀 깁스가 감싸고 있었는데, 형은 그걸 가만두지 않고 온갖 낙서로 꾸며 놓았다. 다리에 깁스를 하고 침대에 누워 선물을 받는 삶이라니, 깁스를 도화지 삼아 예술로 고통을 승화하는 초연함이라니, 아니 그보다 남녀공학, 아니 교통사고, 아니 입원, 아니 그래도 깁스… 형의 세계엔 내 삶에 없는 낯설고 멋진 것이 가득했다.

입원해 있느라 수업 일수를 못 채운 형은 아예 그해 학교를 쉬고 다음 해에 학교에 돌아가게 되었다. 올해 내내 학교에 가지 않아도 되는 사람이 되다니, 형의 삶에 멋이 추가됐다. 집에 혼자 있는 형이 심심할 것을 걱정해서였던가, 나는 매일 학교에 다녀오면 집에 가방을 던져두고 형네 집으로 갔다. 당시에 우리 집에서 삼 분 거리에 있던 형네 집에 가면 다른 가족이 모두 나가고 없는 집을 형 혼자 지키고 있었다. 창고로 쓰던 곳을 개조했던 걸까, 형 혼자 쓰던 큰 방에는 우리 집에 없는 것들이 가득했다. 운동 기구가 놓여 있었고, 만화책이 쌓여 있었고, 벽에는 신인 그룹의 포스터가 붙어 있었고, 책상엔 형이 조립 중인 건담 프라모델이나 비비탄총이 놓여 있기도 했다.

형은 내게 간밤에 라디오에서 녹음한 영화 음악을 들려주었고, 거기서 들은 영화 이야기를 해주기도 했다. 아침이 이르고 낮이 고된 사람들이 사는 가난한 마을에서 형은 홀로 밤에 라디오를 듣는 사람이었다. 나도 형을 따라 라디오를 들었고, 형을 따라 라디오에서 나오는 노래를 녹음하기 시작했다. 좋아하는 노래 제목이 들리면 녹음 버튼을 눌러 안테나가 잡아챈 전파를 카세트 테이프에 담았다. 내가 좋아하는 곡들이 찬 테이프가 모였고, 더 많은 곡을 모으고 싶어서 90분짜리, 120분짜리 공테이프를 사서 녹음 준비를 하고 라디오 앞에서 귀를 쫑긋, 손을 움찔거렸다. 노래가 다 끝나기도 전에 멘트가 나오면 순수한 음원을 훼손한 디제이를 욕하며 테이프를 원위치로 되감았다.

　형네 집에 가서는 전날 밤에 라디오에서 들은 곡에 대해 이야기하고, 그 곡이 나온 영화에 대한 형의 설명을 들었다. 형은 동네의 누구도 보지 않은 영화를 알았고, 아무도 모르는 노래를 흥얼거렸다. 다들 학교에 있는 동안 형은 얼마나 라디오를 듣고 영화를 본 걸까. 라디오에서 나오는 모든 말을 빠짐없이 외우는 걸까. 학교에서 배우는 것보다 형이 알려주는 것들이 훨씬 재밌는 것만은 확실했다. 형 덕분에 나는 본 적도 없는 『스타워즈』를 재미있어했고, 소문으로만 들은 소피 마르소의 미모에 반했다. 스필버그, 루카스, 인디아나 존스, 숀 코너리 같은 이름을 익힌 것도, 제대로 본 적도 없는 『은하철도 999』와 『기동전사 건담』에 향수를 느끼는 것도 형 때문이다.

나는 매일 형네 집에 다니면서 형의 취향을 이식받았다. 녹음한 테이프를 함께 듣고 영화 이야기를 하다 라면을 끓여 먹으며 함께 집을 봤고, 형네 가족들이 모두 귀가한 뒤에도 눌러앉아 놀다 아예 형네 집에서 자고 오는 일도 종종 있었다. 형네 어머니는 형이 또래인 우리 형이 아니라 세 살 어린 나와 노는 것을 가지고 놀리기도 하셨지만, 형이 열광하는 것을 기꺼이 받아들이고 함께 좋아하는 것이 동네에 나뿐이라 어쩔 수 없는 일이었을 것이다. 나도 학교의 누구와 노는 것보다 방과 후에 만나는 형과의 시간이 좋았다. 학교와 다르게 형네 집에서는 내가 궁금한 것, 알면 즐거운 것을 배울 수 있었으니까.

형은 변진섭, 이문세 같은 가수의 테이프를 모았고, 5백 원씩인가를 주고 피아노용으로 편곡된 가요 악보도 사서 모았다. 피아노를 치는 걸 본 적은 없지만. 아카데미과학에서 나온 건담 프라모델을 조립해서 색을 칠하더니 전투 장면을 연출한다고 일부러 어딜 부러뜨리거나 라이터 불로 지지기도 했다. 형이 뉴 키즈 온 더 블록에 꽂혀 방에 포스터를 붙이고 그들의 노래를 추천하던 때엔 나도 문방구에서 산 A4 사이즈의 사진 두 장을 앞

뒤로 놓고 코팅해서 책받침을 만들어 썼다. 요즘 아이들도 책받침 같은 걸 쓰는지는 모르겠지만. 형은 스필버그라는 사람을 입이 마르게 칭찬했고, 나는 『구니스』와 신디 로퍼를 좋아하게 되었다.

고작 세 살 위였으니 형도 그땐 솜털이 보송한 중학생일 뿐이었겠지만, 남들 다 겪는 사춘기를 남다르게 겪으며 고유한 사람이 되어가는 형을 지켜본 것이 당시의 내게 큰 경험이었던 듯싶다. 형은 뭔가를 티가 나게 좋아하는 사람이었고, 좋아하면 티를 내는 사람이었다. 남자애가, 다 큰 애가 그런 거나 좋아한다고 핀잔을 들어도, 그런 걸 좋아하는 게 동네에 자기뿐이어도, 그저 자기가 좋아하는 것을 좋아했다. 남들은 그 나이쯤이면 되어야 한다고들 하는 뭔가가 되려고 할 때, 형은 그냥 자기가 되고 싶은 모양이었다. 지금 생각하면 훈이 형은 건달 아니면 양아치 후보생만 길러내던 우리 동네에 처음 나타난 자생적 날라리, 송학동 1호 오타쿠였다. 형네 집에서 형의 이야기를 듣고, 형의 게임기를 가지고 놀고, 형의 취향을 배우다, 나도 내 마음에 차는 것이 무엇인지에 관심을 갖게 되었다.

다리가 다 낫고 해가 바뀌자 형은 학교로 돌아갔고, 나의 방과 후 활동도 끝이 났다. 우리는 다시 각자의 또래들과 어울려 다니다 일요일에 교회에서나 잠깐 마주치는 사이가 되었다. 고등학생이 되어서도 훈이 형은 불량해 보이는 옷을 모으고 불량한 표정을 연습하는 또래들 사이에서 혼자 환하게 눈에 띄었다. 후광이 있었다거나 한 건 아니고, 검은 양복바지 사이에 홀로 멜빵 청바지여서, 반짝거리는 구두 사이에 홀로 리복 펌프여서, 악어나 강아지가 새겨진 골프 티셔츠 사이에 홀로 잘 다려진 흰 셔츠여서, 또는 혼자만 머리를 길렀거나 친구들은 질색을 할 디자인의 모자를 쓰고 있어서였다. 어떤 어른들은 훈이 형이 '기생오라비 같다'고, '발랑 까졌다'고 흉을 봤다. 나는 내 취향의 기원이자 내 삶의 첫 스승을 흉보는 어른들이 고까웠다.

내가 대학에 진학하느라 서울로 근거지를 옮긴 후로 자연스럽게 훈이 형은 내 삶에서 퇴장했다. 나는 고향에 잘 가지 않았고, 교회에는 더더욱 안 갔으니까. 마지막으로 본 것도 이십 년은 넘었을 것이다. 그사이 나는 가끔씩 십 대 때 좋아하던 것들을 되새기며 익숙한 쾌감을 즐기는 어른이 되었다. 그 익숙함의 많은 부분은 훈이 형과 함께 보낸 그해에 만들어진 것이다. 우리가 오래 서로의 시야에서 사라져 있었어도 나는 형을 잊은 적이 없다. 내게는 볼 때마다 형을 떠오르게 하는 영화들이, 들을 때마다 형이 생각나게 하는 노래들이 있으니까. 형은 모를 일이므로 그해의 대부분을, 또는 나를 거의 잊고 살겠지만.

형은 형도 모르는 사이에 나를 키웠다. 형이 형다운 사춘기를 산 덕에 나는 나다운 인간이 되고자 하는 열망을 품게 되었다. 선택할 수 있는 여유는 가져본 적 없지만, '그럼에도 불구하고' 선택해볼 용기쯤은 가질 수 있게 되었다. 물론 무모한 선택의 대가는 쓰라린 경우가 많았다. 하지만 내 의지대로 움직일 수 있을 때에야 내 것이라고 할 수 있으므로, 나는 내 삶이 시종 허름하고 자주 위태로우나마 내가 스스로 일군 내 것이라는 자부를 느끼며 좀 더 맘대로 살아볼 꿈을 꾼다.

먹으라는 솔잎은 안 처먹고 여태 꿈이나 꾸고 자빠진 나는 송충이 마을 출신의 몽(夢)충이가 되었다. 이게 다 훈이 형 탓이다.

다미안의 Playlist

1. Olivia Newton-John – <Physical> (1981)
2. F. R. David – <Words> (1982)
3. Ray Parker Jr. – <Ghostbusters> (1984)
4. Cyndi Lauper - <The Goonies 'R' Good Enough> (1985)
5. Joy - <Touch by Touch> (1985)
6. Berlin - <Take My Breath Away> (1986)
7. 이문세 - <그녀의 웃음소리뿐> (1987)
8. Elsa & Glenn Medeiros - <Un Roman d'Amitié> (1988)
9. Karoline Krüger - <You Call It Love> (1988)
10. Bobby Brown - <On Our Own> (1989)
11. New Kids on the Block - <Cover Girl> (1989)
12. 변진섭 – <숙녀에게> (1989)

Bonus Track

맺음말

이상명

마지막 원고를 받은 지 2년이 흘렀다.

책에 실린 이야기들의 배경이 되는 시대에서 수십 년이 흐르고 다시 2년이 더 지나는 동안, 음악이 가진 물리력은 음원이 됐다. 그러다 보니 사람도 음악도 디지털 세상에서 머무르는 시간이 많아졌다.

카세트테이프와 CD의 시대일 때에는 나만의 정리 방식으로 하나씩 음원을 모았다. 그러나 이제는 스마트폰에서 손끝으로 쉽게 음악을 소환할 수 있는 세상이 됐다.

2010년대 후반을 지나며 의미가 확장된 디깅^{digging}이라는 단어는 흔히 플레이리스트를 쌓는 행위를 이르는 말로 많이 쓰인다. 사람들은 이 단어에 올라타 나만의 취향을 끊임없이 파고들며 다양한 분야에서 플레이리스트를 만들고 범주화^{categorization}한다. 그렇게 다양한 주제로 저장

된 플레이리스트를 온라인 스트리밍 플랫폼에 공유하고 이를 통해 서로의 취향을 나누며 내적 친분을 쌓아가는 행위는 음악을 즐기는 또 하나의 방법이 되었다.

20년 전 혹은 그 이전의 플레이리스트는 조금 더 개인적 경험에 기반해서 만들어졌다. 인상 깊게 본 영화나 드라마의 OST나 좋아하는 가수의 앨범을 사서 물리적 소유를 하는 일이 많았다. 요즘은 흔치 않은 풀 앨범을 들으며 남들은 주목하지 않는 숨어 있는 명곡을 찾아 듣는 경험을 즐기기도 하고, 쉬이 구할 수 없는 음반을 소유하고 듣는 우쭐함도 즐겼던 것 같다. 무엇보다 특정 시기의 내 모습과 맞물린 음악과 이야기는 꽤나 긴 시간이 흘렀음에도 기억 속에 선명하게 자리 잡게 되었다. 어쩌면 지금까지의 삶에서 가장 빛났던(혹은 슬픈 계산이 적어 행복했던) 날의 장면이 남아 음악과 함께 깊게 기억에 새겨진 건지도 모르겠다.

이 책에 실린 이야기와 노래가 누군가에게 닿아 이내 각자의 빛나던 시기를 떠올려 보게 할 수 있으면, 더 나아가 언젠가 또다시 빛날 당신을 맞이할 때 귓가에 스치는 혹은 입가에 흥얼거리는 음표가 될 수 있으면 좋겠다.

77 page

1st COLLECTION	**사랑한 후에**
2nd COLLECTION	**나를 채운 어떤 것**
3rd COLLECTION	**이름 시**
4th COLLECTION	**부치지 않은 편지**
5th COLLECTION	**우연한 인연**
6th COLLECTION	**언젠가 우리 다시**
7th COLLECTION	**다시 보기**
8th COLLECTION	**그래서 오늘은 무슨 음악**

PAGES 8th COLLECTION

그래서 오늘은 무슨 음악

강민경
김경현
다미안
송인섭
이도형
조혜림
차영남

기획	**이상명**
교정/교열	**다미안** @damian_contigo
디자인	**김현경** @vanessahkim

펴낸곳	**77PAGE**
이메일	**77pagepress@gmail.com**
스마트스토어	**77page.com**
인스타그램	**@gaga77page**

초판 1쇄 발행　**2024년 6월 26일**

*이 책의 내용의 전부 또는 일부를 재사용하려면
펴낸곳을 통해 저작자의 동의를 받아야 합니다.